세상 어디에서도 발견할 수 없는
책쓰기의 위안

책쓰기의 10가지 선물

김병완 지음

케이미라클모닝

책쓰기의
10가지 선물

김병완 지음

케이미라클모닝

목차

제2장

왜 당신에게도 책쓰기가 필요할까?

제3장

혼란의 시대, 책쓰기만큼 강력한 도구가 필요하다

제2부
독서 내공이 없는 사람도
책쓰기 고수가 될 수 있는 10가지 방법

제4장
독서 내공이 없는 사람이 책을 쉽게 쓰는 5가지 방법

제5장
급이 다른 책쓰기를 완성하는 책쓰기 노하우 5가지 방법

제6장

책 쓰는 사람이 꼭 알아야 할 문장 쓰기의 원칙

에필로그

책쓰기는 인생 최고의
선물과 위안을 준다

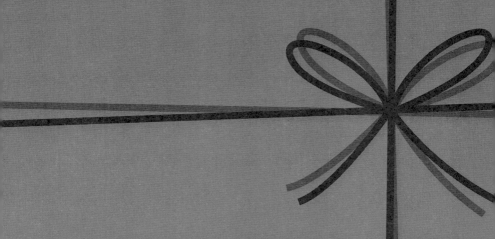

"당신의 삶이 힘들고 버겁고 불행하고 재미가 없다면 이유는 단 한 가지다. 책쓰기만큼 강렬하고, 효과적이고, 확실한 성장과 성공, 행복과 기쁨, 건강과 부의 최고의 기술, 최고의 위안과 희열을 주는 가슴 뛰는 도전이 없었기 때문이다.

　가슴 뛰는 인생 최고의 도전 중에 하나는 책쓰기다. 책쓰기는 도전이면서 동시에 큰 위안과 선물을 도전하는 자에게 제공해 준다."

　"골방에 틀어박혀 온종일 책쓰기에 몰두할수록 이상하게도 나의 일상은 더 풍요로워지고, 즐거워지고, 재미있어지고, 흥미로워지고, 짜릿해질 뿐만 아니라 내 활동 반경은 광활해지는 것을 느낀다."

"책을 쓸수록 나는 점점 더 성장하고, 성공하고, 행복해질 뿐만 아니라 나 자신의 한계와 수준을 뛰어넘어 더 큰 세상을 경험하고, 만들어 나갈 수 있게 되었다."

"책을 쓰려는 사람들은 세상에서 가장 현명한 자들이다. 이 우주에서 책쓰기만큼 강력하고 효과적이고 확실한 성장과 성공과 행복과 부의 길은 없기 때문이다."

이토록 강력하고 확실하고 효과적이고 즐겁기까지 한 책쓰기를 왜 아직도 하지 않는가? 도대체 무슨 배짱으로 일만 열심히 하면서 평생을 살아내려고 하는가?

힘들고 지친 그대여! 당신의 삶이 힘들고 어렵고 버거운 이유는 단 하나다. 책 쓰기를 하지 않았기 때문이다.

책쓰기를 했지만 인생이 달라지지 않았다면, 제대로 그 맛을 경험하지 못했기 때문이다.

도박을 한두 번 했다고 도박에 중독되어 가산을 다 탕진하고 인생이 망하는 것은 아니다. 제대로 도박의 맛을 경험한 사람만이 도박에서 벗어날 수 없게 되고, 결국 도박으로 인해 인생이 망가진다.

책쓰기도 이와 다르지 않다. 제대로 된 책쓰기를 경험한 사람은 절대 책쓰기에서 벗어날 수 없다. 이 세상에서 책쓰기만큼 강렬하고 짜릿하고 흥분되는 것도 없기 때문이다.

독자들이여! 책쓰기의 강력한 힘을 아는가? 세상에서 가장 몰입력이 강한 것 중의 하나가 단연코 책쓰기다. 믿기 힘들겠지만 사실이다. 필자가 실제로 경험한 것이다. 암벽 등반은 목숨이 걸렸기 때문에 몰입의 강도가 세다. 하지만 책쓰기는 목숨이 걸려 있지 않음에도 암벽 등반의 몰입도를 뛰어넘을 만큼 강렬하다.

50대가 되고, 코로나가 온 세상을 점령했던 2020년 겨울부터 2021년 초여름까지 꼬박 1년 6개월 정도를 책쓰기를 하지 않았다. 작가가 된 이후로 이렇게 긴 시간 동안 책쓰기를 하지 않았던 적은 없었다.

1년 6개월 동안의 책쓰기의 부재는 내게 어떤 영향을 주었을까? 바로 우울증, 공황장애, 자살 충동, 무망감hopelessness, 무기력함, 좌절 등 정신 건강에 나쁜 모든 것들이 종합세트로 찾아왔다.

이런 최악의 밑바닥에서 나는 어떻게 병원에 가거나 약도 먹지 않고 완벽하게 회복되고 치유되었을까? 회복되고 치유된 정도가 아니라 날마다 성장하고, 성공하고, 행복하고, 충만하고, 즐겁고, 기쁘고,

누리는 삶을 살게 되었을까?

　바로 책쓰기가 가져다 주는 최고의 위안 때문이었다. 장마가 시작되는 6월의 어느 날, 새벽 빗소리를 듣다가 무심코 책쓰기를 시작했다. 책쓰기를 시작하는 순간 한 페이지도 채 쓰지 않았지만, 나의 눈은 이 세상 그 어떤 것보다 더 화려하게 반짝였고 온몸의 세포는 다시 왕성하게 책쓰기를 하던 40대 초반으로 되돌아가는 듯했다.

　책쓰기는 한마디로 만병통치약이다. 책쓰기를 하는 노인들은 절대 치매나 알츠하이머병에 걸릴 수 없다. 책쓰기는 그 어떤 지적 운동보다도 더 뇌를 자극하기 때문이다. 책쓰기는 장수의 지름길이다. 조선 시대 평균 수명이 40세에 불과했지만, 평생 책쓰기를 실천했던 선비들은 대부분 80세 전후까지 장수했다.
　아주 오래전부터 마음의 병이 심한 이들이 글쓰기를 통해 회복되고 치유되었다는 이야기를 자주 접한다. 최근에도 공황장애로 고통받는 많은 이들이 글쓰기를 통해 회복되어 새 삶을 살아갈 수 있게 되었다는 소식을 심심치 않게 접하고 있다.

　책쓰기는 평범한 사람에게는 큰 위안과 용기를 주지만, 사실 위대한 사람들에게도 빼놓을 수 없는 단 한 가지 성공 도구이기도 하다.

위인들은 모두 책쓰기를 실천했고, 책쓰기를 매우 가까이했다. 세계적으로 자랑스러운 우리의 선조 충무공 이순신 장군도, 미합중국 최초의 흑인 대통령이 된 오바마 전 대통령도, 대체 불가한 중국 최고의 역사서를 집필한 사마천도, 서양에서 성경 다음으로 많이 읽힌 《철학의 위안》을 집필한 보에티우스도 모두 책쓰기를 했다.

전쟁 통에도 글쓰기를 멈추지 않았던 충무공 이순신 장군을 우리 후손들은 잊어서는 안 된다. 충무공의 삶의 자세와 일상의 모습을 배우고 본받아야 한다. 그는 임진왜란이 발발하던 1592년부터 7년 동안 거의 매일 일기를 쓰면서 자신의 인격을 수양하며, 책쓰기가 주는 참된 위안을 누구보다 정실히 경험했다.

그때 그가 썼던 일기가 바로 그 유명한 《난중일기》다. 이 책은 우리 선조의 위대한 책쓰기 자세와 정신이 담겨 있는 책이기도 하다. 풍전등화와 같은 위기 속에서 나라와 민족을 구해낸 전승 무패의 명장이 매일 책쓰기를 했다는 사실을 잊어서는 안 된다.

《난중일기》에는 충무공의 성품이나 국정에 대한 솔직한 심정, 군사에 대한 비밀 계책, 친지 부하나 내외 요인들과 내왕한 내용, 부하들에 대한 상벌 등이 상세히 묘사되어 있어 역사적 가치도 매우 높다.

'촛불을 밝히고 홀로 앉아 나라 일을 생각하니 나도 모르게 눈

물이 흘렀다.'

'국가를 편안히 하고 종사를 안정시키는 일에 충성과 능력을
다하여 죽으나 사나 그렇게 하리다.'

'병드신 어머니를 생각하니, 눈물이 흐르는 것을 깨닫지 못했다.'

난중일기에는 그의 충효 사상을 잘 나타내 주는 위와 같은 구절들
도 많이 있을 뿐만 아니라 '한산도가'라는 대표적인 시도 담겨 있다.

'한산 섬 달 밝은 밤에 수루에 홀로 앉아 큰 칼 옆에 차고 깊은
시름하는 차에 어디선가 일성호가는 남의 애를 끊나니.'

로마 귀족 가문에서 태어나 최고의 교육을 받은 특권층이자 엘리
트 정치인이었고, 부와 명예와 권력을 모두 가졌던 보에티우스는 하
루아침에 억울한 누명으로 독방에 갇힌 사형수가 되었다. 세상 모든
것이 그에게 등 돌렸던 때, 배신감과 좌절로 그 어떤 희망도, 미래도
없이 사형 집행만 기다려야 했던 그에게 위안을 준 단 한 가지는 책
쓰기였다.

남자에게 가장 큰 고통이자 수치였던 궁형을 당해야 했던 사마천
에게 죽음보다 더 큰 아픔을 이겨내고 위대한 도전을 할 수 있게 해
준 것도 바로 책쓰기였다. 사마천은 세상 모든 기쁨과 즐거움을 박탈

당했고, 더 이상 희망도, 기쁨도, 즐거움도 없는 죄인이 되었다. 하지만 그는 책쓰기를 통해 누구보다 더 뜨거운 인생을 살아냈다. 이것이 책쓰기의 선물이다.

완전한 흑인도, 완전한 백인도 아니었던 소년 오바마는 십 대로서 감당하기 힘든 큰 정체성 혼란과 열등감으로 방황하며 청소년기를 보냈다. 그는 그 시절을 회상하며 자신이 알코올, 마리화나, 코카인 등을 복용한 사실에 대해 솔직하게 인정하면서, "'나는 누구인가' 하는 질문을 머릿속에서 잊기 위해서 마약을 복용했던 것"이라고 밝혔다. 그가 십 대 시절에 얼마나 심하게 정체성 혼란을 겪었는지를 헤아릴 수 있다.

그는 어떻게 그 많은 혼란과 방황과 열등감을 극복해 내고, 미합중국 최초의 흑인 대통령 오바마로, 거인으로 성장할 수 있었던 것일까? 그에게 가장 큰 위안을 준 것은 놀랍게도 책쓰기였다.

마약과 열등감에 찌들어 방황하던 소년에게 위안이 되어 주고 회복할 수 있는 용기를 준 책쓰기를 통해 오바마는 자신을 통찰하며 상처를 치유하고, 새롭게 다시 도전하고 살아낼 수 있게 되었다. 책쓰기는 그에게 위안과 선물이었다. 이 사실을 제대로 알고 있는 사람은 많지 않다.

독자들에게 묻겠다.

"성장하고 싶은가?
성공하고 싶은가?
행복해지고 싶은가?
즐겁게 살고 싶은가?
웃으며 살고 싶은가?
신나게 살고 싶은가?
치유와 회복이 필요한가?
최고의 위안이 필요한가?

그렇다면, 한 가지만 하면 된다. 단 한 가지가 필요하다.

바로 책쓰기다.
책쓰기를 지금 당장 시작하라.

책쓰기를 시작하면, 당신의 인생은 반드시 달라질 것이다.
책쓰기를 시작하면, 당신은 행복하고 즐거운 사람이 될 것이다.

책쓰기를 시작하면, 당신은 이 세상 최고의 선물과 위안을 받을 것이기 때문이다."

많은 사람이 책을 읽는다.
독서가 좋다는 것, 중요하다는 것,
필요하다는 것은 누구나 잘 알고 있다.
많은 이들이 독서를 실천한다.
하지만 책쓰기를 실천하고 매일 하는 사람은 많지 않다.
더 큰 문제는 책쓰기가 누구에게나 필요한 것이고
중요하다는 사실을 알고 있는 사람,
깨닫고 있는 사람이 많지 않다는 점이다.

《48분 기적의 책쓰기》 중에서

제 1 부

세상 어디에서도
발견할 수 없는
책쓰기의
위안과 선물

제1장

책쓰기를 하는 사람만이
얻을 수 있는 10가지 선물

책쓰기는 당신에게 무엇보다 좋은 인생을
선물해 줄 것이기 때문이다.
좋은 인생은 가슴 두근거리는 삶이며,
의미와 가치가 있는 인생이다.

책쓰기는 이것을 가능하게 해 준다.
책쓰기는 가슴 두근거리는 삶을 만들어 주고,
누군가에게 당신의 삶을 이야기해 주고, 공유하며,
작거나 큰 영향을 끼치며, 함께 살아가게 해 준다.

《독자를 유혹하는 책쓰기》 중에서

책쓰기는
이 세상 최고의 위안을 준다

책쓰기는 위안이다. 책을 쓸수록 위안을 얻을 수 있다. 책을 쓰면 정신력이 강해지는 이유가 바로 이것이다. 마음에 울분이 있을 때, 책을 쓰는 이유도 바로 이것이다.

인생을 살다 보면 가장 힘들고 어려울 때, 가장 밑바닥일 때가 있다. 하는 모든 일이 뜻대로 되지 않을 때가 있다. 무엇을 어떻게 해야 할지도 모를 만큼 최악의 상황, 속수무책으로 당해야 할 때가 있다. 앞문도 막히고 뒷문도 막히고, 진퇴양난일 때가 있다. 내가 할 수 있는 것이 아무것도 없을 때가 있다. 내 능력으로 도저히 할 수 없는 것이 있고, 내 힘으로 막을 수 있는 일이 하나도 없을 때가 있다. 심지어 무엇을 해야 할지도 파악할 수 없을 때가 있다. 모든 것이 뒤죽박죽 되어, 공황 상태일 때가 있다. 바로 이때 당신이 해야 할 것이 있다. 바로 책쓰기다.

중국 역사에서 비교 대상이 없는 역사서 《사기》를 집필한 사마천은 평범한 사관 가정에서 태어난 평범하고 문약한 사람이었다. 심지어 그는 조정 고관이 아니라 낮은 직분 태사령太史令이라는 관직을 가지고 있었다. 하지만 그의 인생을 바꾸는 엄청난 사건이 발생한다.

한 무제 때 이릉이 흉노 정벌을 위해 보병 5,000명을 이끌고 출정을 했다. 처음에는 이릉이 지휘하는 5,000명의 보병이 흉노 3만의 기병과 대치하면서 전혀 겁먹지 않고 잘 싸웠다. 하지만 이릉의 부하 한 명이 직속상관에게 수모를 당한 것에 앙심을 품고, 흉노에 투항하여 군사 비밀을 누설했던 것이다.

이로 인해 전세는 바뀌어, 치명적인 타격을 입고, 수천 명의 보병이 전사하거나 부상을 당하게 되었고, 더 이상 후퇴하는 것도 불가능하여 이릉은 어쩔 수 없이 투항할 수밖에 없었다. 이릉의 투항 소식에 한 무제와 한나라 조정은 충격에 휩싸였다. 특히 한 무제는 엄청난 분노를 느끼고 있었다. 최소한 장군이라면 전세가 불리해도 싸우다 장렬하게 최후를 마쳐야 하는 것인데, 이릉은 투항을 했기 때문이다.

엄청난 분노에 휩싸인 한 무제가 사관인 사마천에게 이릉의 투항에 대해 어떻게 봐야 하는지 물었다. 사마천에게 일생일대의 인생 전환점이 된 위기의 순간이 닥쳐온 것이다. 사마천은 한 무제의 심정을 헤아리지 않고, 솔직하게 적극적으로 이릉을 변호하면서 직언을 했던 것이다.

"이릉은 우리나라에서 제일가는 인재인 국사國士입니다. 그가 항상 생각하는 것은 나라에 보답하는 것입니다. 그뿐 아니라 이릉이 인솔해간 5,000명의 보병 병력은 흉노의 심장부까지 전진하여 수만의 흉노군과 며칠간이나 용맹하게 싸웠습니다. 졌으나 그가 세운 전공은 대단한 것이었습니다. 더구나 이릉의 이번 항복은 형세가 급박해 어쩔 수 없이 결행한 '거짓 항복'일 수 있습니다. 일단 생명을 건진 다음 훗날 기회를 봐서 충성할 수 있는 길을 모색하고자 했던 것인지도 모릅니다."

분노가 극에 달한 한 무제는 이릉을 적극적으로 변호하고 보호하는 발언을 하는 사마천이 미울 수밖에 없었던 것이다. 결과적으로 이 일로 인해, 사마천은 한 무제의 노여움을 사게 되었다. 한 무제는 사마천을 사형시키라고 즉석에서 명령을 내렸던 것이다. 하루아침에 말 한마디로 사형수가 된 사마천은 세상이 원망스러울 수밖에 없었을 것이다.

이 당시에 사형수는 세 가지 선택을 할 수 있었다. 첫 번째는 법에 따라 주살을 당하여, 사형을 당하는 것이다. 두 번째는 그 당시로 거액인 50만 전을 내고 죽음을 면하는 것이다. 세 번째는 궁형宮刑을 감수하는 것이다. 중인中人에 불과했던 그는 거액을 낼 수 있는 형편이 아니었다. 사마천의 집은 가난했기 때문에 두 번째를 선택할 수 없었다. 결국 죽거나 궁형을 당해야 했다. 사마천은 무엇을 선택했을까?

궁형은 한 마디로 남자의 성기를 거세하는 것이다. 이 당시 거세를 당하게 되면, 더 큰 고통은 '거세의 형벌을 받은 자'라는 천하의 조롱거리가 되어, 죽는 것보다 더 비참한 일생을 평생 살아내야 한다. 또한 죽음조차 두려워 궁형을 택했다는 비난과 세상의 비웃음거리로 전락되는 비참한 현실도 피할 수 없게 된다.

당신은 무엇을 선택할 것인가? 사마천은 궁형을 선택했다. 그 당시에 많은 사형수들은 죽음을 택할지언정 궁형은 원하지 않았다. 죽는 것보다 더 수치스럽고 더 고통스럽기 때문이었다.

사마천은 궁형에 대해 "선조를 욕되게 하는 것만큼 추한 행동은 없고, 궁형만큼 치욕적인 굴욕은 없다."라고 말한 적이 있다. 그럼에도 사마천은 어째서 궁형을 택했을까? 그가 궁형을 선택한 것은 구차하게 목숨을 이어가기 위한 것이 아니었다. 사마천에게는 평생의 유업이 있었던 것이다. 그것은 바로 아버지의 유언이기도 했다. 사마천의 아버지가 자신의 손을 잡고서 반드시 역사서를 집필하라고 당부한 뒤 세상을 떠났기 때문이다. 사마천이 궁형을 선택한 이유는 바로 이것이다. 아버지의 유언을 지키기 위해서다. 그리고 그 유언은 사마천을 고통과 수치, 세상의 조롱거리와 비웃음으로부터 해방시켜 주었고, 위대한 역사가로 도약할 수 있게 해 주었다. 그것이 바로 책쓰기였던 것이다.

궁형을 당한 사마천의 고통과 수치가 어느 정도였을까? 사마천이 친구 임안에게 보낸 편지를 보면 그가 겪은 고통을 어느 정도 짐작할 수 있다.

"내 간장은 아침저녁으로 아홉 구비로 꼬이며, 집에 있으면 정신이 멍하고, 밖에 나가면 어디로 가야 할지 막막합니다. 제가 당한 수치를 생각할 때마다 등에 식은땀이 흥건하게 흘러내려 옷을 다 적시곤 합니다."

사마천은 이처럼 처절하고, 태산보다 더 큰 굴욕이고 수치인 궁형을 어떻게 극복하고 이겨낼 수 있었을까? 놀랍게도 인생 최고의 치욕이고 고통이었던 궁형을 이겨내게 해 준 것은 바로 《사기》라는 역사서의 집필, 즉 책쓰기였던 것이다.

책쓰기를 하지 않았다면, 사마천의 궁형 이후 삶은 어땠을까? 책쓰기를 하지 않았다면, 그의 삶은 인생의 패배자로, 치욕에 몸부림치면서 평생을 후회와 좌절과 고통과 수치로 살았을 것이다. 하지만 궁형을 당한 사마천은 달랐다. 책쓰기를 통해 평범한 사람보다 더 치열하고 더 열정적인 집필 생활을 했을 것이다. 책쓰기에 빠져들면, 이 세상 그 어떤 부귀영화보다, 이 세상 그 어떤 즐거움과 쾌락보다, 그 어떤 위로와 위안보다도 더 강력한 위안을 느끼게 된다.

책쓰기는 인생의 패배자를 위대한 승리자로 만들어 준다. 책쓰기는 세상의 성공이나 부귀영화가 줄 수 없는 최고의 희열과 위안을 준다. 책쓰기를 하면, 그 어떤 최악의 상황에서도 다시 일어날 수 있다. 책쓰기를 하면 그 어떤 고통과 수치도 떨쳐낼 수 있다. 책쓰기를 하면 그 어떤 아픔도 극복할 수 있다. 책쓰기는 인생 최고의 위안을 주기 때문이다.

사마천이 죽음보다 더 큰 고통과 수치를 극복하면서 인생을 걸고 쓴 《사기》를 보면, 인생 최악의 순간을 만났을 때, 도저히 회복 불가한 그런 순간에 책쓰기를 선택한 이들이 적지 않았다는 사실을 알 수 있다. 사마천도 역시 이런 부류의 사람이다. 책쓰기를 통해 인생 최악의 고통과 상처를 이겨내고, 가장 밑바닥 인생을 최고의 인생으로 탈바꿈시키는 데 성공한 인물이기도 하다.

> 옛날 서백은 유리에 갇혀 있으므로 《주역》을 풀이했고, 공자는 진나라와 채나라에서 고난을 겪었기 때문에 《춘추》를 지었으며, 굴원은 쫓겨나는 신세가 되어 《이소》를 지었고, 좌구명은 눈이 멀어 《국어》를 남겼다.
>
> 손자는 다리를 잘림으로써 《병법》을 논했고, 한비는 진나라에 갇혀 《세난》과 《고분》 두 편을 남겼다. 《시》 300편은 대체로 현인과 성인이 발분하여 지은 것이다. 이런 사람들은 모두 마음속에 울분이 맺혀 있는데 그것을 발산시킬 수 없기 때문에 지나간 일을 서술하여 앞으로 다가올 일을 생각한 것이다.
>
> 사마천, 《사기열전 2》, 민음사, 882쪽, 2007년

그렇다. 책쓰기는 최고의 위안을 주기 때문이다. 책쓰기의 위안은 그 어떤 철학의 위안, 도덕의 위안, 성공의 위안, 행복의 위안을 뛰어넘는다.

당신 자신에게 위안을 줄 수 있는 사람은 바로 당신뿐이다. 자신에게 주는 위안은 지속적으로 가능하고, 정도를 조절할 수 있다. 하지

만 타인이 주는 위안, 다른 사물에 의한 위안은 일회성이고, 자신의 상처와 아픔의 정도와 무관한 세기의 위안을 받게 된다.

인간은 누구나 자신의 인생을 책임져야 한다. 어른이라면 자신의 선택과 행동에 대한 책임을 져야 한다. 자신의 인생을 밑바닥까지 망가뜨리게 할 수 있는 유일한 존재도 자신이며, 최고의 위안을 줄 수 있는 유일한 존재도 결국 자신이다.

엄청난 철학적 소양을 가지고 있지 않은 평범한 사람이 어떻게 하면 최고의 위안을 자신에게 제공할 수 있을까?

이 질문에 대해 여러 가지 해결책을 발견할 수 있는 힌트를 제공하는 인물이 있다면, 바로 독방의 사형수 신세가 된 보에티우스일 것이다. 보에티우스는 서구 기독교 사회에서 한때 가장 많이 읽힌 두 번째 책인 《철학의 위안The consolation of Philosophy》이란 책의 저자이다.

그는 과연 어떤 인물이었을까? 그는 한 마디로 로마의 귀족 가문에서 태어나 로마 최고의 교육을 받은 엘리트 정치인이었고, 최고의 특권층이었다. 로마 시대에 모든 것을 다 가진 인물이었다. 20대 후반의 나이에 로마 사회의 최고의 중심인물이 되었고, 집정관의 위치까지 올랐다. 더는 부러워할 것이 없는 인물이었다.

세상을 다 가진 보에티우스에게도 인생의 위기가 찾아왔다. 왕실의 음모로 반역죄에 엮이게 되어, 결국 하루아침에 독방에 갇히는 사형수 신세로 전락하게 되고, 그의 모든 것들, 좋은 집안, 좋은 교육, 최고의 권력, 최고의 평판, 남부러울 것이 없는 부와 명예, 아름다운 아내와 자녀들 이 모든 것들을 그는 자신의 실수나 잘못이 아닌, 억울한 누명을 쓰고 다 잃게 되고, 사형 집행을 기다리는 처량한 신세로 몰락하게 되었다.

보에티우스는 이런 최악의 상황에서 어떤 위안을 자신에게 주었을까? 그리고 그 위안을 도대체 어떻게 줄 수 있었을까? 독방의 사형수가 된 보에티우스에게 최고의 위안, 유일한 위안이 되어 준 것은 다름 아닌 책쓰기였다.

그는 책쓰기를 통해, 자신의 비참한 상황에 관한 생각을 멈출 수 있었고, 삶의 참된 의미에 대해 스스로 질문하고 탐구할 수 있었다. 책을 쓰는 이 과정만큼 비참한 상황에 빠진 사람에게 위안이 되는 순간은 없다. 그는 책쓰기를 통해서 죽음의 두려움도 극복할 수 있었고, 많은 독자에게 위안을 주기 전에 먼저 그는 자신에게 최고의 위안을 줄 수 있게 되었다.

삶이 힘들고 어렵다면, 혼란스럽고 뒤죽박죽이라면, 최악의 상황까지 몰락했다면, 더는 재기할 힘도 없고, 의욕도 없고, 아무 생각도 없다면, 책쓰기를 시작하라. 책쓰기만큼 강렬한 위안도 없다.

책쓰기는
압도적인 성공의 길을 열어 준다

책쓰기를 하는 사람들은 왜 더 성공할까? 책쓰기는 왜 평범한 사람을 능력자로 만들어 주는 것일까? 책쓰기에 담긴 숨은 성공의 비밀은 무엇일까?

이 질문에 대한 해답은 너무나도 많다. 다양한 측면에서 근거와 이유를 제시할 수 있다. 이미 다른 많은 작가가 이 사실에 관해서 연구하고 책을 쓴 바 있다. 이미 필자도 역시 이전에 출간 도서를 통해 여러 가지 근거와 이유를 제시했다. 그럼에도 필자는 거두절미하고, 최근에 읽었던 책에서 또 다른 추가적인 하나의 이유와 근거를 제시하고자 한다. 그 책은 바로《정리하는 뇌》이다.

이 책은 세계적인 인지심리학자이자 신경과학자인 대니얼 J. 레비틴 교수가 쓴 책이다. 레비틴 교수는 매우 유명한 베스트셀러 작가이다. 뉴욕타임스 베스트셀러 1위를 3개월 이상 차지한 적이 있을 뿐만 아니라, '1만 시간의 법칙'을 과학적으로 규명한 주인공이기도 하다.

그는 지금 우리가 사는 이 시대의 가장 큰 특징이 정보 홍수의 시대라고 주장한다. 연구 결과에 따르면, 2011년 미국인이 하루에 처리해야 하는 정보량은 30년 전보다는 5배나 많아졌고, 디지털 시대에 접어들었음에도, 해당 분야 전문가나 회사가 해 주던 일들을 직접 하는 '그림자 노동'shadow work이 급격하게 늘었고, 선택해야 할 일들은 기하급수적으로 많아졌다고 한다.

그가 피력하는 내용 중에 가장 호기심을 자극하는 것 중 하나가 성공하는 사람들에 관한 이야기다. 성공하는 사람들은 그렇지 못한 사람들보다 범주화하는 능력이 탁월하다고 한다. 우리 인간은 세상 모든 일에 대해서 구조를 부여하고 범주화하도록 만들어졌다. 이것이 학습의 본질이기도 하다.

범주화하는 능력이 탁월한 사람과 그렇지 못한 사람은 왜 업무 성과나 자신의 전문 분야에서 격차가 벌어지는 것일까? 이 질문에 대해 레비틴 교수는 뇌 과학에 탁월한 신경과학자답게 그것은 바로 뇌가 기억하고 저장하고 주의 집중하는 속성 때문이라고 말한다.

뇌의 용량에는 한계가 없지만, 범주화하지 않고, 일할 때는 엇비슷한 해야 할 일들이 많이 있으므로, 쉽게 우리 뇌는 산만해지고 혼란에 빠지게 된다는 것이다. 이렇게 산만해지고 혼란에 빠진 상태에서는 그 어떤 천재도 자신의 실력을 제대로 발휘할 수 없다. 정신을 한데 모으면 엄청난 실력을 발휘할 수 있다는 소리다. 지극히 맞는 소리다.

동양 고전에도 이런 사실을 증명하는 일화나 말은 많다. 중국 남송 시대에 편찬된 책으로, 주자의 어록을 집대성한 책인 《주자어류》에 보면, 너무나 유명한 말이 나온다.

'정신일도 하사 불성'이라는 말이다. 정신을 한곳에 집중하면, 이루지 못할 일은 없다는 말이다. 이런 사실을 잘 보여주는 일화가 있다. 궁술에 뛰어난 이광이 사냥을 나갔다가, 어둠 속에 몸을 웅크리고 숨어있는 엄청나게 큰 호랑이를 발견하게 된다. 자신이 지금까지

잡았던 호랑이 중에서 지금까지 가장 큰 호랑이였다. 그 순간 이광은 온 정신을 한데 모아서 반드시 호랑이를 잡겠다는 정신 하나로 활을 당겨, 호랑이를 명중시켰다.

이광은 너무나 기뻤다. 하지만 가까이 가서 보고 놀라지 않을 수 없었다. 자신이 호랑이라고 생각해서 활을 쏘아서 명중시켰던 것이 다름 아닌 바위였기 때문이었다. 이광은 자신의 화살이 바위를 뚫어서 꽂힌 사실에 대해서 믿을 수가 없었지만, 분명하게 바위를 뚫고 깊게 꽂혀 있었던 것이다. 이광은 제자리로 돌아와서 화살을 다시 여러 번 쏘았지만, 번번이 튕겨 나왔고, 그 후로는 다시는 바위를 뚫지 못했다.

이 이야기를 통해 우리는 인간이 고도로 집중해서 무엇인가를 할 때, 얼마나 큰 초능력을 발휘할 수 있게 되는지를 잘 알 수 있다. 큰 성공을 하는 사람들은 이처럼 범주화를 통해, 자신의 업무와 일에 우선순위를 늘 정한 다음에 일을 시작하기 때문에, 자신의 능력을 뛰어넘을 정도로 강력한 집중을 할 수 있게 되는 것이다.

인간은 지식을 즐기도록 만들어진 존재다. 특히 감각을 통해 들어오는 지식을 좋아한다. 우리는 이런 감각적 지식에 구조를 부여하고, 그것을 다른 각도에서 바라보며 다양한 신경 체계에

맞춰보려고 애쓰도록 만들어졌다. 이것이 학습의 본질이다.

《정리하는 뇌》, 대니얼 J. 레비틴, 70쪽

레비틴 교수의 주장을 토대로, 책쓰기를 설명하면 이렇다. 책을 쓴다는 것, 즉 책쓰기는 자신의 경험과 지식에 구조를 부여하고, 그것을 제삼자, 즉 독자의 눈으로 바라보며, 다양한 해석에 맞춰보려고 애쓰는 것이기에, 이것은 인간의 본성이라는 것이다.

책을 쓴다는 것은 자신의 경험과 지식을 일정한 주제와 범주 안에 넣고, 정리한다는 것을 의미한다. 이렇게 정리를 하는 것은 우리의 삶을 개선해 준다고 그는 말한다. 책쓰기를 하는 사람들이 그렇지 않은 사람들보다 더 성공하고 더 나은 인생을 살아가게 되는 이유 중의 하나가 바로 이것이다.

큰 성공을 거둔 사람 중에 유독 펜과 메모지를 항상 휴대하는 사람, 늘 쓰는 것을 좋아해서 쓰고 기록하고 정리하는 사람이 많은 이유에 대해서도 그는 논리정연하게 설명한다.

자기 전공 분야에서 최고의 자리에 오른 사람들, 특히나 창의력과 효율성이 뛰어난 것으로 알려진 사람들은 뇌 바깥의 주의 시스템과 기억 시스템을 최대한 활용한다. 그중에는 과감하게

> 저차원적인 기술을 활용해 모든 것을 철두철미하게 관리하는
> 사람들이 놀라울 정도로 많다. 첨단 기술 분야에 종사하는 사
> 람도 예외는 아니다. …… 이런 사람들 중에는 펜과 메모지나
> 카드를 늘 가지고 다니면서 손으로 직접 적어 메모를 하고, 이
> 방법이 요즘에 흔하게 볼 수 있는 전자기기를 이용하는 것보다
> 훨씬 효율적이고 만족스럽다고 주장하는 경우가 많았다.
>
> 《정리하는 뇌》, 대니얼 J. 레비틴, 114쪽

성공하는 사람들은 남들보다 탁월한 생각을 잘한다. 한 단계 더 높은 성과를 내고, 남들보다 훨씬 더 놀라운 제품을 만들고, 남들이 미처 생각하지 못한 시스템을 구축하고, 남들이 보지 못한 미래를 창조해 나간다.

그들은 어떻게 남들이 미처 생각하지 못한 탁월한 생각을 할 수 있는 것일까? 성공하는 사람들의 탁월한 생각은 도대체 어떻게 만들어지는 것일까? 이런 질문에 답해주는 책이 있다.

단숨에 세계 최대의 온라인 스트리밍 서비스 업체로 도약한 NETFLIX를 만든 탁월한 생각, IKEA 점포 매출을 단기간에 확 끌어올린 탁월한 생각이 만들어지는 생산적 사고의 힘에 관한 책인《탁

월한 생각은 어떻게 만들어지는가》이다.

'컴퓨터는 쓸모없다. 답만 줄 뿐이니까.'

입체파(큐비즘)를 창시한 피카소의 말이다. 그의 말처럼, 답만 알고 있는 사람들은 쓸모가 없다. 지금 이 시대에 가장 필요한 사람들, 가장 성공하는 사람들은 지식을 가지고 있는 사람이 아니라, 창조적인 사람들이다. 새로운 지식과 아이디어를 계속해서 만들어내는 사람이다.

그렇다면 어떤 부류의 사람들이 창조적인 생산적이고 탁월한 생각을 하는 것일까? 이런 사람들의 가장 큰 특징은 답을 찾지 않고, 계속해서 질문을 던지면서, 모호함을 감수한다. 이미 정해 놓은 답을 찾고 그것에 만족하지 않고, 새로운 질문을 던지고 새로운 모호함을 계속 발견해 나가는 과정을 즐긴다.

이 과정이 바로 책쓰기의 과정이기도 하다. 하나의 주제에 대해 끊임없이 질문하고 새로운 아이디어와 생각을 만들어내는 과정은 바로 책을 쓰는 과정에서 빼놓을 수 없는 단계이기 때문이다. 책을 쓴다는 것은 '무엇을 아는가'보다 '어떻게 생각하는가'를 담는 과정이다.

책을 쓴다는 것은 남과 다르게 세상을 보는 과정이다. 익숙한 생각이 아닌 뜻밖의 생각을 끊임없이 하는 것이 책을 쓰는 과정이다. 그러므로 책을 쓰는 사람은 생산적이고 탁월한 생각의 고수가 될 수밖에 없다.

철학자 헤라클레이토스는 '뜻밖의 연결은 뻔한 연결보다 훨씬 더 강력하다'라고 말했다. 작가는 늘 뻔한 생각을 하는 사람이 아니라 독자들이 생각지도 못한 뜻밖의 연결을 하는 사람이다. 오래되고 낡은 생각을 버리고, 새롭고 낯선 생각을 하게 해 주는 것이 책쓰기다.

탁월한 생각을 만들어내는 것은 재생적 사고reproductive thinking가 아니라 생산적 사고productive thinking이다. 재생적 사고는 기존의 생각과 방법을 점진적으로 다듬어가는 방법으로 효율성을 목표로 한다. 하지만 생산적 사고는 기존에 없던 것을 새롭게 생성하는 방법으로, 이것이 가능하기 위해서는 남과 다르게 보는 눈이 있어야 하고, 결국 통찰의 문제다.

매사추세츠공과대학교MIT의 미디어 랩 연구소를 창립한 니컬러스 네그로폰테는 '점진주의는 혁신의 최대 적'이라고 말했다. 그렇다. 점진적 사고, 재생적 사고는 평생 노력해도, 자전거만 만들게 하지만, 생산적 사고는 자전거에서 벗어나 자동차도 만들게 하고, 더 나아가서 비행기, 우주선도 만들게 한다.

성공하는 사람들은 모두 혁신가다. 빌 게이츠도, 스티브 잡스도, 마크 저커버그도, 일론 머스크도, 어쨌든 괴짜도 있지만, 이들의 공통점은 모두 생산적 사고, 남과 다른 사고를 하는 혁신가라는 점이다

책쓰기는
휴식과 안정을 가져다 준다

책을 쓰는 행위가 힘든 정신적 노동이라고 말하는 사람들이 많다. 심지어 많은 분이 직업별 평균 수명을 조사한 내용을 근거로 들면서, 작가, 저술가의 평균 수명이 다른 직업군들에 비해서 가장 빨리 단명하는 직업이라고 말한다.

여기에 대해서 필자는 정확히 말할 수 있다. 책을 쓰는 행위는 절대 단명하는 행위가 아니라, 오히려 뇌에 휴식과 안정을 주는 행위이고, 그 결과 건강하게 무병장수할 수 있게 해 주는 행위라고 말이다.

그렇다면 왜 직업별 평균 수명은 작가, 저술가의 평균 수명이 꼴찌일까? 여기에는 몇 가지 이유가 있다. 첫 번째 11개 직업군의 평균 수명을 조사한 연구 결과는 1962년부터 93년 동안에 일간 신문의 사망 기사, 부음란 등에 게재된 사람들을 대상으로 조사한 결과라는 것이다.

과거에는 책을 쓰는 작가가 가장 박봉이었다. 먹고살기 힘들었고, 경제적으로도 평생 쓰고 또 쓰면서, 가난과 싸워야 했다. 그것이 작가의 삶의 모습이었다. 하지만 지금은 전혀 다르다.

직업별 평균 수명을 조사한 기간이 과거에서 최근으로 옮겨질수록 작가의 평균 수명은 급상승한다는 사실을 간과해서는 안 된다.

1962년부터 93년까지 조사 결과는 11개 직업군 평균 수명은 69세인데 평균 이상은 종교인(80), 정치인(72), 연예인(71), 교수(69), 공무원(69) 등 5개 직업군이고, 평균 이하는 법조인(68), 사업가(68), 예술가(66), 체육인(65), 언론인(64), 작가(62) 등 6개 군으로 나타났다.

하지만, 가장 가까운 최근 10년 치(2001~2010년)만 놓고 조사를 해보면, 결과는 많은 변화가 있음을 정확하게 알 수 있다. 최근 10년 치 직업별 평균 수명을 보면, 가장 큰 변화가 작가임을 알 수 있다.

원광대 보건 복지학부 김종인 교수팀이 1963년부터 2010년까지 무려 48년 동안 언론에 난 3215명의 기사와 통계청의 사망 통계 자료 등을 바탕으로 11개 직업별 평균 수명을 조사했다.

그런데 최근 10년 치(2001년에서 2010년)만 놓고 보면, 종교인은 82세로 2살이 향상되었고, 정치인은 79세로 8살이 향상되었고, 교수도 79세로 9살 정도가 상승했다. 기업인도 77세로 8살이 상승했고, 법조인도 78세로 9살 정도가 상승했다. 그런데 작가는 74세로 무려 12살에서 13살 정도로 가장 크게 향상되었다.

이런 추세라면, 최근 2011년부터 2020년을 조사해 보면, 더 높게 평균 수명이 나올 것이다. 그 이유는 예전에는 작가의 직업이 박봉이었고, 먹고 사는 데 스트레스가 많았고, 힘든 직업이었지만, 최근에와서는 작가라는 직업이 훨씬 더 스트레스가 적고, 상대적으로 수입도 많이 나아졌기 때문이다.

이 두 가지 조사 결과는 분명한 한 가지 사실을 말해준다. 작가라는 직업이 결코 단명하는 직업이 아니라는 사실을 말이다. 1980년대와 90년대에는 작가는 먹고살기 힘들고 고되고 스트레스가 많은 직업이었다. 하지만, 최근으로 올수록 작가라는 직업은 상대적으로 보상이 높은 덜 힘든 직업이 되었다. 이것을 입증하는 근거가 바로 작가의 평균 수명이 61세에서 74세로 가장 많이 상승했다는 객관적인 조사 결과에서 알 수 있다.

인간을 건강하게 오래 살 수 있게 해 주는 가장 중요한 요소는 스트레스가 없는 상태라고 할 수 있다. 그리고 돈도 필요하다. 생활고로 고통받는 사람보다는 경제적으로 풍족한 사람이 훨씬 더 건강하게 오래 살 수 있다. 당연한 이야기다. 즉 잘 쉬는 사람, 경제적으로 먹고살 걱정이 없는 사람, 머릿속에 온갖 잡동사니를 잘 비우고, 평상심을 잘 유지하는 사람이라고 할 수 있다. 이런 조건의 사람이 되게 해 주는 가장 좋은 행위가 글쓰기다.

레비틴 교수는 글쓰기가 우리 뇌에 휴식을 가져다 줄뿐만 아니라, 현재를 오롯이 즐길 수 있게 해 주고, 머리를 비울 수 있게 해 준다는 사실을 과학적으로 발견하고 증명한 최초의 신경학자이다. 그가 쓴 뇌 과학책은 이미 뉴욕타임스 베스트셀러 1위를 3개월 이상 차지하여 입증이 된 바 있다.

글쓰기를 하면 왜 우리의 뇌는 휴식을 취할 수 있는지, 글을 쓰는 행위가 왜 머리를 비우는 행위가 되고, 우리의 뇌를 살리는 행위가 되는 것일까? 레비틴 교수는 이렇게 설명하고 있다.

글로 기록하면 무언가 잊어버리지 않을까 걱정하고 그것을 잊지 않으려고 애쓰는 데 들어가는 정신적 에너지를 아낄 수 있다. 이와 관련된 신경과학에 따르면, 몽상 네트워크는 중앙관리자 네트워크와 경쟁하고 있고, 그 싸움에서는 보통 기본 모드인 몽상 모드 네트워크가 승리한다. 마치 당신의 뇌가 가끔은 자기만의 마음을 따로 갖고 있는 것처럼 말이다. 원한다면 이것을 선禪적인 관점에서 바라볼 수도 있다. 이 모습을 본 선사禪師는 끝내지 못한 일들이 마음속에서 끝없는 잔소리로 당신을 현재로부터 끌어내리고 있다고 말할 것이다. 마음이 미래에 묶여 있기 때문에 당신은 매 순간 온전히 충실하거나 현재를 즐기지 못하게 된다.

《정리하는 뇌》, 대니얼 J. 레비틴, 117쪽

인간의 뇌는 한 마디로 '복잡하게 겹쳐 있는 네트워크의 집합체'라고 말할 수 있다. 그리고 뇌 상태는 낮과 밤이 순환하면서 음양이 끊임없이 순환되는 것처럼, 온전히 집중해서 뭔가를 하는 상태인 과제 집중 모드stay-on-task mode 혹은 중앙관리자 모드the central executive mode와 아무것도 하지 않고, 백일몽을 꾸는 것처럼, 혹은 멍을 때리는 것처럼 이렇다 할 일을 하고 있지 않은 상태인 몽상 모드mind-wandering mode를 반복한다.

그리고 레비틴 교수와 그의 동료 비노드 매넌이 2010년에 발표한

논문에 따르면, 이 두 가지 모드를 스위칭해 주는 기능을 담당하는 것이 뇌의 영역 중 섬엽insula이라는 사실을 밝혀냈다고 한다. 섬엽은 2.5cm 크기의 두뇌 구조물로, 측두엽과 전두엽이 만나는 표면 아래 위치한다.

우리 뇌의 주의력을 켰다가 끄는 역할을 스위치처럼 한다고 해서 섬엽을 주의 스위치라고 부른다. 우리 뇌는 주의력이 꺼지는 몽상 시스템과 주의력이 켜지는 중앙관리자 시스템이 마치 시소처럼 반복된다.

집중력이 좋은 사람은 다름 아닌 뇌를 잘 쉬게 하는 사람이다. 인간은 기계가 아니기 때문이다. 마치 밤에 잠을 잘 자는 사람이 낮 동안 활력이 넘치면서 자기 일을 거뜬하게 잘할 수 있는 것과 같다. 매일 밤에 잠을 푹 자지 못하는 사람은 절대로 일상생활을 충분하게 잘해낼 수 없다. 이것처럼 일을 잘하기 위해서는 잘 쉬어야 한다. 쉬는 것도 경쟁력이라는 말이 여기서 나오는 것이다.

쉴 때 잘 쉬고, 일할 때 집중해서 하는 사람이 일을 잘하는 사람이다. 집에서 쉴 때도 일 걱정이나 하고 직장에서는 산만하게 일을 하는 사람은 업무 성과가 낮을 수밖에 없다. 현대인들이 피곤한 이유는 몸이 지쳤다기보다는 뇌의 피로 때문이다. 뇌의 피로를 풀 수 있는 가장 효과적이고 유일한 방법은 몽상 모드 상태로 있는 것이다. 하지만 현대인들은 이런저런 걱정거리와 스트레스로 쉽게 몽상 모드 상태로 들어가기 힘들다. 특히 주식이나 가상 화폐를 하는 사람, 시험이 걱정인 수험생들, 먹고살기 바쁜 힘든 직장인들, 여러 가지 번잡한 걱정과 고뇌로 지쳐가는 현대인들은 탈출구가 없다. 늘 피곤하고 힘들고 지치고 괴로운 것이다. 하지만 이런 분들에게 좋은 방법이 있다. 바로 글쓰기를 하는 것이다.

글을 쓰는 행위가 뭐가 이렇게 대단한 영향을 주는 것일까? 그 행위 자체는 정말 아무것도 아니다. 글쓰기 행위는 그 자체로 보면 누구나 쉽게 할 수 있는 별 볼 일 없어 보이는 하찮은 것인지도 모른다. 하지만 글쓰기를 통해서 인간은 주의, 기억, 범주화, 몽상 모드 네트워크라는 엄청난 것들을 유도할 수 있고, 실제로 그런 작용이 발생한다.

엄청나게 큰 지렛대만 있으면, 이론적으로 누구나 지구를 들 수 있게 되는 것과 마찬가지다. 글쓰기는 아주 하찮은 행위로 보일지 모르지만, 지구를 들 수 있게 해 주는 엄청나게 큰 지렛대의 비밀을 가지고 있다.

뭐니 뭐니 해도 현대인들에게 가장 필요한 것은 휴식이며 안정이다. 이런 측면에서 글을 쓰는 행위로 이루어진 책쓰기는 최고의 선물이다.

인간은 왜 불안한 존재일까? 왜 우리는 늘 불안할 걸까? 우리는 왜 행복하지 않을까? 왜 불만과 불평, 스트레스와 걱정, 고민과 근심이 끊이지 않는 것일까?

이 질문에 대해 가장 명확한 답변을 해 주는 철학자 한 명을 꼽으라고 한다면 단연코 에픽테토스다. 그는 고대 그리스의 위대한 철학자다.

"인간을 불행하게 하는 것은 사물 자체가 아니라 그것을 바라보는 방식이다."

그렇다. 불안을 극복하고 안정적이고 행복한 삶을 살기 위해 필요한 것은 돈이나 성공이 아니라 방법이고 기술이다. 그렇다면 불안감을 다스리는 데 가장 효과적인 방법은 무엇일까?

에픽테토스의 말처럼 사물을 바라보는 방식을 바꾸면 좋다. 하지만 이것은 훈련이 안 된 일반인들에게는 그림의 떡처럼 현실적이지 못 하다. 말이 쉽지 실천이 어려운 것이 많기 때문이다.

누구나 쉽게 실천하고 효과를 볼 방법이 있다. 그것은 바로 불안과 걱정과 근심과 두려움에 대한 주의를 다른 것에 돌려, 긴장을 푸는 방법이다. 그리고 이것을 가장 효과적으로 할 수 있는 것이 바로 '책쓰기'다.

책쓰기를 하면 자신을 불안하게 만들고 힘들게 만드는 사건이나 사물에서 쉽게 탈출할 수 있고, 책을 쓰는 그 시간 동안은 정말 다른 세상에 온 것처럼, 책의 주제에만 몰두하는 온전한 시간을 쟁취할 수 있다.

책쓰기는 또한 불안한 생각을 끊고 멈출 수 있게 해 준다. 불안한 생각은 끊임없이 돌고 도는 특징을 가지고 있다. 그래서 내면의 모든 종류의 불안은 증폭되어 나간다. 여기서 중요한 것은 불안한 생각일수록 생각 멈추기가 쉽지 않다는 것이다. 그래서 불안의 늪으로 계속해서 빠져들게 되고, 나중에는 질식하게 되고 완전하게 망가져서, 결국 혼자의 힘으로는 회복할 수 없는 최악의 상태가 되어 버린다.

책쓰기는 놀랍게도 생각 멈추기와 생각 바꾸기라는 두 가지 측면에서 탁월하다. 내가 쓰고 있는 책의 주제가 나를 행복하게 하고, 즐겁게 하는 주제일수록 우리는 책쓰기를 통해 너무나도 효과적으로 안정을 얻게 되고, 불안에서 탈출할 수 있게 된다.

불안은 우리에게 백해무익하다. 불안은 우리의 몸과 마음을 긴장하게 만든다. 불안은 우리를 병들게 한다. 불안은 우리가 최고의 성과를 만들어내지 못하게 한다. 불안은 우리를 불행하게 한다. 불안은 우리를 사정없이 흔들어 놓는다. 흔들리지 않고 무게 중심을 잡기 위해, 더 불안에 휘둘리지 않기 위해 지금 당장 책쓰기를 시작하라.

책쓰기는
건강과 노화 예방을 가져다 준다

책쓰기는 건강과 노화 예방을 가져다 준다. 사실일까? 책쓰기와 같은 인지 자극 활동을 하면, 왜 치매와 알츠하이머병이 예방되는 것일까? 그리고 왜 70대나 80대 때 하는 것은 효과가 없고, 평소에, 특히 40대와 50대 때 하는 것이 더 큰 영향을 미칠까?

한 권의 책을 쓴다는 것은 새로운 주제에 대해서 새로운 콘텐츠를 창조하는 것과 같기 때문이다. 즉 새로운 지적 과제를 하나씩 수행하는 것과 같다. 이런 활동은 뇌의 구석구석에 혈액을 끊임없이 공급하고, 자극하면서, 정신적 활력을 유지하는 행위이기 때문이다.

치매와 알츠하이머병을 예방하고, 건강을 유지하기 위해서는 육체적인 활동보다 오히려 지적, 정신적 활동, 즉 인지 활동이 더 절실하게 필요하며, 시기적으로는 70대가 아닌 중년일 때, 즉 40대와 50대 때 하는 것이 더 중요하다고 인지심리학과 뇌 과학의 최신 연구 결과는 말해주고 있다.

노화의 영향을 늦추는 한 가지 방법은 정신적 활력을 유지하고, 한 번도 해 보지 않은 과제를 수행하는 것이다. 달리 혈액이 공급되지 않았던 뇌 부위도 이렇게 하면 혈액을 공급받는다. 이것은 혈류가 뇌 구석구석으로 흐르게 만드는 요령이다. 알츠하이머병에 걸린 사람은 뇌에 아밀로이드가 침착된다. 아밀로이드는 섬유성 미세섬유를 형성해 뇌에서 잘못된 상호작용을 일으키는 단백질이다. 살아가는 동안 인지 활동이 활발했던 사람들은 뇌에 침착되는 아밀로이드 양이 적다. 이는 정신적 활동이 알츠하이머병을 예방하는 효과가 있음을 암시한다. 70~80대에 접어들어서 활발하게 머리를 쓰고 새로운 것을 배우는 것이 중요하다는 의미가 아니다. 중요한 것은 평생 학습을 하고 머리를 쓰는 패턴이 있었느냐 하는 점이다.

《정리하는 뇌》, 대니얼 J. 레비틴, 321~322쪽

혈류가 뇌 구석구석으로 잘 흐르게 만드는 방법이 정신적 활력을 유지하고, 한 번도 해 보지 않은 과제를 수행하는 것이라고 레비틴 교수는 말한다. 그런데 책을 쓴다는 것은 항상 한 번도 도전해보지 않은 새로운 주제에 대해서 새로운 주장을 해야 하고, 자기만의 근거를 제시하고, 독자들을 설득시키는 과제와도 같다.

책을 쓰는 것은 지적으로 정신적으로 항상 활력을 유지하는 행위다. 육체노동을 주로 하는 직업군보다 확실히 작가라는 직업은 인지 활동을 상대적으로 더 많이 할 수 있다. 추가로 레비틴 교수는 캘리포니아대학 버클리 캠퍼스의 신경과학자 윌리엄 재거스트의 말을 소개하면서, 70대에 하는 행위보다 40대와 50대 때 하는 행위가 더 중요하다는 사실을 우리에게 각인시킨다.

"치매와 관련해서 우리는 사람이 75세가 되어서 무엇을 하느냐에만 관심을 집중하는 경향이 있다. 하지만 그보다는 40세나 50세 때 무엇을 했는가가 더 중요하다는 증거가 많다."

책쓰기 수업이자 작가를 양성하는 작가 수업을 거의 10년 동안 800명 이상의 수강생분들에게 해 왔다. 그 덕분에 책을 쓰고, 출간하여, 베스트셀러 작가로 도약한 분들도 적지 않다. 어렵지 않게 작가

협회를 자체적으로 결성하고 운영할 수 있게 되었다.

수백 명 이상의 작가 협회 회원들을 통해 재미있는 이야기를 들은 적이 있다.

"작가님. 저는 책을 쓸 때는 너무너무 건강하고 모든 일이 잘 돌아가는데요. 책을 출간하고 나서 책을 쓰는 것을 하지 않을 때는 이상하게도 여기저기 안 아프던 곳이 아프고, 몸에 기운이 없어요. 그러다가 다시 책을 쓰기 시작하면 건강도 다시 회복되고 생생해져요!"

그렇다. 책을 쓰는 사람은 무기력해질 수 없고, 나태해질 수 없고, 어느 정도의 긴장을 유지하기 때문에, 몸과 마음이 알아서 움직여준다. 결과적으로 책을 쓰는 사람이 쓰지 않는 사람보다, 책을 쓰는 기간이 쓰지 않는 기간보다 더 건강한 삶을 유지하고 영위할 수 있다는 사실이다.

책쓰기의 유익 중에 가장 중요한 것은 노화 예방이다. 책을 쓰는 사람은 자신을 늘 학생, 공부하는 사람이라고 생각한다. 늘 공부하는 사람은 마음이 늙지 않는다. 마음이 병들지 않는다. 마음에 생기가 가득하다. 마음에 호기심이 가득하고, 해야 할 일, 책을 쓰는 일이 있으므로 쉽게 늙지 않는다. 이것은 정말 중요한 일이다.

특히 나이가 70이나 80이 넘어가면, 아무 할 일도 없고, 아무 목표도 없고, 아무 계획도 없이 하루하루를 연명하는 사람이 많다. 하지만 이 나이에 책을 쓰는 사람은 할 일이 있고, 출간이라는 목표가 있고, 계획이 있고, 매일 공부하고 연구하고 정리하고 책을 써야 하므로 늙어가지 않는다. 이것은 매우 큰 영향을 우리에게 준다.

사람을 가장 쉽게 늙게 하는 것은 아무 할 일도 없고, 아무 목표도 없고, 아무 의욕도 없을 때이다. 책쓰기는 이런 최악의 상황을 예방할 수 있게 해 준다. 그런 점에서 책쓰기는 노화에 대한 백신 예방 주사와 같다.

책쓰기는
내게 성장을 가져다 주었다

글쓰기를 통해 우리는 혼돈에서 질서를 찾고, 자신의 신념과 가설의 진위를 시험하며, 눈과 마음을 열고 세상을 똑바로 바라본다. 글쓰기를 통해 우리는 익명성 속에 자신의 정체성을 선포한다. 또한 우리의 이성이 '그런 것들은 존재하지 않아.'라고 설득해도, 글쓰기를 통해 비로소 살아가는 목적과 아름다움과 의미를 찾아내기도 한다. 따라서 글쓰기는 용기 있는 행위라고도 볼 수 있다. 글을 쓰면서 자기 자신을 직시하는 것보다 애써 자신을 외면하고 평생을 살아가는 편이 얼마나 더 쉽겠는가? 물질주의나 냉소주의 따위에 굴복해 인생과 두려움으로부터 도망치는 편이 얼마나 더 쉽겠는가? 글을 쓴다는 것은 그런 '쉬운 길'의 유혹에 저항하는 것이다. 진실을 찾아 세상에 공표하기를 주장하는 것이며, 그 진실들을 종이에 옮기겠다고 감히 선언하는 것이다.

잭 헤프론, 《맛있는 글쓰기의 길잡이》, 8쪽

책쓰기는 위안이면서 동시에 성장이다. 책쓰기는 이렇게 여러 가지 얼굴을 가지고 있다. 책을 쓰는 사람의 형편과 입장에 따라 수많은 얼굴로 변신을 하면서 나타난다. 내게는 책쓰기가 인생 혁명의 모습으로 나타나기도 했고, 최고의 위안이 되어 나타나기도 했다. 그리고 궁극적으로 책쓰기는 가장 효율적인 성장 도구로 나타난다.

우리는 책쓰기를 도약대로 삼아 거대한 창공을 마음껏 날아오를 수 있게 될 것이다. 이전까지는 한 번도 오르지 못한 높은 그곳까지 오를 수 있을 것이고, 한 번도 가 보지 못한 지경까지 닿을 것이다.

모든 길은 책쓰기에서 시작된다. 위대한 공부도, 위대한 문학도, 위대한 연구도, 위대한 과학도, 위대한 예술도, 위대한 기술도 그 첫 걸음은 책쓰기다. 모든 지식과 정보, 예술과 과학, 기술과 문학, 모든 것은 책에 담겨있다.

책쓰기를 하지 않았다면 어떻게 되었을까? 도서관에 가 보면 지금 이 순간에도 독서에 매진하고 있는 독서가가 수도 없이 많다. 필자도 역시 그 중에 한 명이었다. 그렇다면 만약에 필자가 지금까지도 도서관에서 책만 읽는 생활을 했다면 그 결과는 어땠을까?

책 읽기를 10년을 한 것과 책 쓰기를 3년 한 것은 비슷할까? 절대 아니다. 책쓰기는 책읽기보다 열 배 이상 강력한 성장도구이며, 성공도구이다. 그러므로 10년 동안 직장을 다니지 않고, 온종일 책만 읽는 생활을 하는 것을 통해 얻을 수 있는 성장은 책쓰기를 하면 겨우 1년이면 충분히 따라잡을 수 있다. 이것이 책쓰기의 위력이다.

독서만 10년을 했다면, 인생을 바꿀 수 있을 정도의 성장은 불가능하다. 하지만 책쓰기는 3년만 해도, 인생을 드라마틱하게 바꿀 수 있다. 필자가 그 증인이다. 좀 더 구체적으로 이야기를 해 보겠다.

독서만 했다면, 10년 독서를 했다면, 절대로 10만 명이 열광하는 새로운 독서법을 창안할 수 없었을 것이다. 타인의 책을 읽고 또 공부하는 것은 한계가 있기 때문이다. 독서법에 관해서 1000권의 책, 혹은 10000권의 책을 읽는다고 해도, 그것은 나의 실력이 되지 않는다. 그저 공부만 될 뿐이다. 하지만 단 한 권의 독서법 책을 쓰는 것은 곧 나의 실력이며, 나의 성장이며, 나의 도약대가 되어 준다. 이것이 책쓰기와 독서가 다른 점이다.

책쓰기에 관한 책을 몇 권 쓰고 나자, 책쓰기에 대해서 일반인에게 이야기하고, 강의하고, 심지어 책쓰기 수업을 할 수 있는 책쓰기 코치로 당당하게 성장하고 도약할 수 있게 되었다. 지금까지 10년 동안 800명 이상의 각계각층의 전문가와 권위자들에게 책쓰기에 대해 강의를 할 수 있는 책쓰기 코치로 성장하게 해 준 것은 다름 아닌 책쓰기라는 주제로 책을 쓴 덕분이다.

최근에도 많은 책쓰기 수강생분들이 7주 수업을 통해 자신이 몇 년 동안 하려고 해도 못 했던 것을 기적처럼 성과를 창출하고 출판사와 당당히 계약할 수 있도록 책쓰기 수업을 할 수 있었던 비결은 책쓰기에 관한 책을 쓰면서 나 자신이 책쓰기 코치로 빨리, 높게 성장할 수 있었기 때문이다.

다른 말로 하자면, 많은 수강생분들이 책을 쓰기 위해 책쓰기 관련 책을 수십 권에서 수백 권을 읽고 또 읽는다고 한다. 그렇게 읽어도, 실제로 책을 제대로 써낼 수 없었다고 한다. 필자도 마찬가지였다. 하지만 책쓰기에 관한 책을 쓰게 되자. 책쓰기에 대한 안목이 달라졌고, 내공과 실력 자체가 성장한다는 것을 확실히 느낄 수 있게 되었다.

어떤 분야에 대해서 가장 많이 배우고 성장하는 길은 그 분야에 대한 수 많은 책을 읽는 것이 아니라, 한 권의 책을 쓰는 것이다. 책쓰기에 관한 책을 몇 권 쓰게 되자, 출판사 편집자들도, 베스트셀러 작가들도, 신문사 편집 국장님도, 대학교수님도, 의사님도, 변호사님도, 목회자님도, 스님들도, 회계사님도 너나 할 것 없이 심지어 미국에서도 소문이 나서, 책쓰기 수업에 참여하시는 분이 적지 않게 생길 정도가 되었다.

필자가 책쓰기를 하지 않았다면, 그래서 제대로 성장하지 못했다면, 책쓰기 학교가 이렇게 10년 이상 지속할 수도 없었을 것이다. 책쓰기 수업은 누구나 쉽게 흉내 낼 수 있지만, 그 실력과 내공은 아무도 흉내 낼 수 없다. 세상은 정확하다. 실력만큼, 내공만큼 열매가 생기는 것이다. 성공하기 위해서는 먼저 성장을 해야 한다. 이것이 올바른 순서다. 세상에 공짜 점심은 없다. 그러므로 성장을 위한 책쓰기를 지금 당장 시작하라.

물론 소크라테스는 '남의 책을 많이 읽어라, 남이 고생한 것을 가지고 쉽게 자기 발전을 이룰 수 있다.'라는 말을 남겼다. 필자도 이 말을 너무 좋아한다. 남의 책을 많이 읽는 것이 그 당시에는 유일무이한 성장 도구였다. 책을 쓴다는 것은 상상도 할 수 없었던 시절이었기 때문이다. 하지만 현대에 들어오면서, 책쓰기가 보편화하고, 대중화되고 있다는 점을 망각해서는 안 된다. 즉 책 읽기보다 더 강력하고, 더 효과적이고, 시대의 변화에 더 부합할 수 있는 성장 도구가 바로 책쓰기다.

인간은 과거에 머물러서는 안 된다. 지금은 과거와 너무나 많은 것들이 달라졌다. 그러므로 시대의 변화에 발맞춰 나가야 한다. 과거에는 평범한 사람이 책을 쓴다는 것은 말도 되지 않는 무척 힘들고 어렵고 불가능한 일이었다. 하지만 지금은 노트북만 있어도 책쓰기가 자신의 집 안방에서도 가능한 시대가 되었다.

자신의 집을 벗어나지 않고도, 책을 쓰고, 계약하고, 출간까지 할 수 있는 시대다. 즉 인류 역사상 책을 쓰기에 가장 좋은 시대. 가장 편리한 시대에 우리는 살고 있음을 잊어서는 안 된다. 과거에는 출판사에 원고 투고를 하는 것도 매우 힘들었고, 까다로웠고, 불편했고, 시간이 너무나 많이 걸렸다. 하나의 출판사에 직접 가서 원고를 투고해야 했고, 그 결과를 한 달이고 두 달이고 기다린 후, 거절당하면, 다시 그 원고를 들고 그다음 출판사에 가서 또 원고 투고를 해야 했다. 이런 식이기 때문에 과거에는 원고 투고 기간이 몇 년 이상이 걸릴 수도 있었다. 하지만 지금은 인터넷의 발달로 30분이면, 출판사 수백 군데에 동시에 원고 투고를 할 수 있고, 30분 만에 계약하자고 러

브콜을 받는 경우도 비일비재하다.

   세상의 변화를 놓치는 것은, 성장과 성공의 기회를 놓치는 것과 다름없다.

책쓰기는
내게 전문가라는 타이틀을 주었다

인생을 바꾸는 것은 독서가 아니라, 책쓰기다. 3년 책쓰기면 인생
이 바뀐다. 3년이면 서당 개도 풍월을 읊을 수 있지 않은가? 책쓰기
는 왜 인생을 바꿀 수 있을 만큼 강력하고 효과적일까? 책쓰기가 가
져다 주는 마법 같은 효과 중의 하나는 바로 전문가라는 타이틀이다.

독서를 잘하지 못 하는 사람도, 독서법에 관한 책을 쓰면, 즉시 '독
서법 전문가'가 된다. 필자가 그랬다. 10만 명이 열광하고, 대한민국
성인 8,000명이 수강한 유일무이한 독서법인 퀀텀 독서법을 창안하
기 훨씬 이전에, 독서법 코치라고 할 수 없었을 때, 지금으로부터 10

년 전에 '48분 기적의 독서법'이라는 책을 썼다.

이 책의 주된 내용은 무엇이었을까?

놀랍게도 독서법이나 독서의 스킬이나 독서의 기술에 관한 이야기는 단 한 문장도 없다. 이 책 처음부터 끝까지 한 가지 사실만을 강조한다. 독서는 인생에 꼭 필요한 것이다. 그러므로, 당신도 독서를 해야 한다는 말을 강조하고 또 강조했다. 이 책 덕분에 한국 사회에 많은 성인이 독서를 하게 되었다고 한다.

필자도 그 어떤 독서의 기술이나 독서법이 없었을 때, 독서법 실력자도 아니었고, 독서법 코치도 아니었고, 독서법에 대한 그 어떤 경험이나 내공도 없었을 때다. 그럼에도 이 책이 출간되자마자. 필자는 전국을 다니면서 독서법에 대해 강의를 해야 하는 독서법 전문가가 되었고 그렇게 불렸다.

제주도, 전라도, 강원도, 경기도, 서울, 거제도 충청도 모든 도시를 포함해서 전국을 다니면서 독서법에 대해 특강을 하는 독서법 전문가가 되었다. 이것이 책쓰기의 위력이다. 책쓰기는 전문가라는 타이틀을 가져다 주는 '타이틀 취득증'인 셈이다.

책쓰기는 일거양득이다. 책쓰기는 실력과 내공만 향상하게 시켜 주는 것이 아니라 전문가라는 타이틀도 부여해 준다. 이 얼마나 좋은가? 의사나 변호사라는 타이틀을 따기 위해서는 엄청난 시간과 노력, 그리고 경비가 든다. 전문 시험에도 합격해야 한다. 전문의가 되기 위해서는 수련의 기간도 성공적으로 마쳐야 한다. 하지만 책쓰기 코치, 독서법 코치, 라이프 코치, 보이스 코치, 금융투자 전문가, 주식 전문가, 부동산 전문가라는 타이틀을 따기 위해서는 그럴듯한 책 한 권만 잘 쓰면 된다. 특히 출간 한 책이 베스트셀러가 되면, 압도적인 유명한 전문가로 인정받게 된다.

책을 쓴다는 것은 평생 없어지지 않는 자본을 마련하는 것과 같다. 책쓰기가 실로 위대한 일인 이유는 아무것도 내세울 것이 없는 평범한 사람이 책쓰기라는 행위를 통해 전문가로 도약할 수 있기 때문이다. 책을 쓰는 삶과 쓰지 않는 삶이 격차가 심하게 벌어지는 이유가 바로 여기에 있다.

책쓰기는 환골탈태하게 해 주고, 괄목상대하게 해 줄 만큼 전문가, 권위자로 도약할 수 있게 해 주는 강력한 추진력을 담고 있다. 책쓰기가 우리에게 전문가라는 타이틀을 주는 이유는 너무나 다양하다. 그중 하나는 책쓰기가 가지고 있는 담금질의 특징 때문이다.

책을 쓴다는 것은 하나의 주제에 대해 자신만의 생각을 수백 번, 수천 번 다듬고 또 다듬으면서 담금질을 하는 과정과 같다. 이런 담금질은 그냥 살아가는 사람은 하기가 쉽지 않다. 인간은 원래 게으른 동물이고, 생각하는 행위 자체도 여간 힘들고 성가신 것이 아니기 때문이다.

수학을 싫어하는 학생이 많은 이유가 바로 이것이다. 인간을 인간답게 만든 것은 생각하기라는 행위이지만, 이 행위는 썩 즐거운 것은 아니다. 철학자들은 철학이란 도구와 명분을 통해 생각하는 행위를 즐겁게 승화시킨다. 예술가들은 예술이라는 도구를 통해 이렇게 할 수 있다.

일반인들은 과연 무엇으로 생각하는 행위를 한 차원 높게 승화시키고 즐길 수 있을까? 그 방법이 바로 책쓰기다.

세상에는 두 부류의 사람이 있다, 첫 번째는 책쓰기를 하는 사람이고, 두 번째는 책쓰기와 무관한 사람이다. 더 크게 성장하고 도약하고 행복과 성공을 손에 넣는 사람은 언제나 전자이다. 생각하기와 같은 귀찮은 행위를 즐겁게 만들어 줄 수 있는 효과적인 도구 중의 하나이기 때문이다.

책쓰기가 당신에게 전문가라는 타이틀을 줄 수 있는 이유 중의 하나는 세상과 타인에게 한 권의 책이 부여하는 감동과 설득력에 있다. 누군가가 쓴 책을 읽는 독자들은 그 책을 통해 감동할 수 있고, 강력한 설득을 당할 수 있다. 그뿐만 아니라 책을 통해 위로와 격려를 얻을 수 있을 뿐만 아니라 삶을 헤쳐가고, 성공하는 방법과 어려운 삶의 문제를 해결하는 최선의 해결책을 발견할 수 있다.

책은 세상과 타인에게 큰 도움을 주기 때문에, 책을 읽는 독자들은 저자를 전문가로 인정하게 되는 것이다. 책은 자신을 집필하는 저자와 읽는 독자 모두에게 크나큰 위로와 격려를 해 주고, 삶을 잘 살아갈 수 있는 지혜와 통찰을 준다.

우리는 무엇인가를 누군가에게 배우게 되면, 자신을 가르쳐 준 사람을 스승으로 인정하고 대우한다. 책은 자연스럽게 독자들이 그 책을 통해 배우게 되기 때문에, 그 책의 저자를 전문가로 인정하게 되는 것이다.

축구 올림픽 대표팀이 시합할 때, 이강인 선수는 다른 동료보다 나이가 훨씬 적다. 하지만 축구 실력은 가장 으뜸이다. 그래서 나이가 많은 동료들이 이강인 선수를 형이라고 부른다. 축구 실력이 나보다

월등히 뛰어난 사람은 축구 선수들 사이에 형이 되기 때문이다. 이처럼 세상을 살아가는 사회에서 책을 쓰는 저자들은 독자들을 이끌고, 영향을 주고, 삶을 잘 살아나갈 수 있는 지혜와 기술을 제공한다. 그러므로 작가들은 리더의 쪽에 서게 된다.

책을 쓰면 이렇게 전문가, 리더, 지도자, 형, 스승이 되는 것이다. 책이 독자들과 세상을 가르치고. 이끌고, 먼저 앞서 나가고, 삶의 지혜와 통찰을 선사하기 때문이다.

책쓰기는
내게 치유와 회복을 주었다

시련의 계절을 견디는 방법은 사람마다 다르다. 무엇인가를 간절히 원할 때, 도움을 구하는 방법도 사람마다 다르다. 하지만 해답은 그리 멀리 있지 않다. 자신의 감정을 글로 옮기기 위해 펜을 집어 드는 일이야말로 영혼의 문을 여는 열쇠가 된다. 날마다 하루 20분 글쓰기의 창을 통해 자신과 세상을 연결시켜 보라. 당신의 손끝에서 삶의 새로운 해답들이 생겨날 것이다.

셰퍼드 코미나스, 《치유의 글쓰기》 중에서

원인을 알 수 없는 편두통으로 너무나 오랫동안 고통을 받아왔던 코미나스 박사는 이 고통에서 벗어날 수만 있다면 무엇이든지 할 준비가 되어있었다. 그러던 중 통증 클리닉 전문의가 생뚱맞게 제안을 했다고 한다.

"규칙적으로 매일 글쓰기(일기 쓰기)를 해 보세요."

처음에는 기가 찼다. 만성 편두통과 글쓰기가 무슨 상관이 있다는 말인가? 의학적인 확실한 치료법이나 약이 필요했던 그에게 의사는 실망과 충격만 주었다. 반신반의하면서 울며 겨자 먹기로 시작하게 된 글쓰기는 그의 인생을 완전하게 바꾸어 놓았다.

그는 말한다. 글쓰기를 시작했다고 해서 편두통이 완전히 사라진 것은 아니라고, 하지만 본격적으로 글쓰기를 한 다음부터는 나와 편두통의 관계와 대하는 태도가 미묘하게 바뀌었다고 한다. 편두통을 대하는 나의 태도와 시각이 바뀌고, 무엇보다 편두통과 나 사이에 간격이 생기기 시작했다는 것이다.

이것을 계기로 코미나스 박사의 인생은 완전하게 달라졌다. 50년 넘게 평생 글을 쓰는 사람이 되었고, 여러 대학과 병원에서 글쓰기를 가르치는 글쓰기 코치가 되었고, '글쓰기 워크숍'을 통해 수많은 사람에게 글쓰기의 기쁨을 전했고, 글쓰기가 어떻게 사람을 치유하고 인생을 변화시키는지에 대해 강연을 하는 사람이 되었을 뿐만 아니라 자연스럽게 여러 권의 책을 출간하는 작가도 되었다.

한 마디로 글쓰기는 코미나스 박사를 치유했을 뿐만 아니라 더 나은 삶을 살 수 있도록 이끌어 주었다. 그에게 글쓰기는 치유와 회복이 되었을 뿐만 아니라 눈부신 성공 도구가 되어 주었다. 매일 규칙적으로 글쓰기를 한다는 것은 눈에 보이지 않는 큰 효과가 있다.

그가 자신의 책에서 이야기하는 글쓰기의 효과 중에 가장 중요하다고 생각하는 것을 몇 가지만 정리하면 이렇다.

글쓰기는 스트레스와 긴장 해소에 도움이 된다. 글쓰기는 혼란스러운 생각을 정리하는 데 도움이 된다. 글쓰기는 고립감에서 벗어나 의사소통을 가능하게 해 준다. 글쓰기는 세상과의 조화를 통해 원만한 삶을 살게 해 준다. 글쓰기는 자아 통찰을 통해 자신의 삶을 치유해 준다. 글쓰기는 혼돈의 소용돌이에서 돌파구를 찾게 해 준다.

글쓰기가 사람을 치유하고 회복시켜 주는 첫 번째 단계이자 유일무이한 방법이라는 사실을 우리는 어떻게 알 수 있을까? 코미나스 박사는 이런 이야기를 우리에게 들려준다.

내가 서 있는 황야에서 나 자신과 정직하게 대면하는 일이 치명적인 결과를 물리칠 수 있는 거의 유일한 방법이기 때문이다. 위기 상황을 넘어서려면 위험에 빠진 현재를 있는 그대로 인정하고 받아들여야 하는데, 이것은 인생의 또 다른 역설이다. 하지만 여행을 시작하려면 지금 있는 그곳에서 출발해야 하듯이 치유의 세상으로 가려면 자신의 뼈가 하얗게 삭았다는 사실을 인정해야 한다.

셰퍼드 코미나스, 《치유의 글쓰기》, 70쪽

그렇다. 글을 쓰게 되면, 우리는 자신의 상처와 아픔에서 벗어나기 위해 발버둥 치는 대신, 정면으로 대면하게 되고, 그런 놀라운 행위 자체는 비로소 상처와 아픔이라는 고통과 작별을 고하게 해 준다. 공식적인 작별인 셈이다. 공식적인 행위가 얼마나 큰 효과가 있는지 우리는 모두 잘 알고 있다.

수많은 친척과 가족, 친구와 사람들 앞에서 공식적으로 결혼식을 올리는 것보다 더 강력한 힘은 없다. 글을 쓴다는 것은 공식적으로 자신의 상처와 아픔에 이별하겠노라고 당당하게 이야기하는 용기 있는 행위이자 이별 선포인 셈이다. 더 이상 내가 이런 상처와 아픔으로 아파하지 않겠다고 선언하는 행위인 것이다.

마음의 상처에 관한 글쓰기는 면역 기능을 향상하는 방향으로 작용한다. 질병으로 인해 의사를 찾는 시간이 줄어들었으며 학교와 일터에서 능률이 향상되었다…. 스트레스, 고혈압, 만성 질환, 천식, 류머티즘성 관절염, 암 환자들이 글쓰기를 실천할 때 육체적인 증상이 감소하는 것을 경험한다…. 내면이 비밀이나 고통에 따른 만성적 스트레스에 시달리는 환자는 글쓰기를 통해 어느 정도 긍정적인 변화와 치유를 경험하게 된다.

셰퍼드 코미나스, 《치유의 글쓰기》, 95쪽

글쓰기가 치유와 회복의 기능이 있는 원리는 무엇일까? 물론 너무나 많은 원리와 이유가 있을 것이다. 그렇게 많은 이유 중에 하나에 불과하겠지만, 이야기하자면 이렇다.

글쓰기는 그 행위 자체를 통해 우리가 다람쥐 쳇바퀴 돌 듯하고 있는 고통에 대해 생각하는 그런 사고의 악순환, 사고의 감옥에서 벗어나게 해 준다. 잊을 수 없는 생각을 잊게 해 준다. 용납할 수 없는 일들을 용납하게 해 준다. 용서할 수 없는 일들을 용서하게 되는 것이다. 포용할 수 없는 일들을 포용할 수 있는 사람으로 성장시켜 버리기 때문이다.

살면서 우리는 자신을 표현할 일은 많지 않고, 지속적이지도 않다. 하지만 글쓰기와 책쓰기는 자신을 표현하는 일이 숙명적으로 반복된다. 자신을 표현하는 행위가 치유의 지름길로 안내한다는 사실은 이미 널리 알려진 공공연한 사실이다.

글쓰기는 만병통치약은 아닐지라도, 정신을 안정시켜주고, 건강을 유지해주는 탁월한 수단이다. 글쓰기는 상처와 아픔으로 부서진 마음을 치유하고 회복시켜 준다. 동시에 인생을 잘 살아내는 데 필요한 용기와 정신을 가져다 준다.

책쓰기는 사람을 치유하는 힘이 있다. 치유할 뿐만 아니라 회복시켜 주기도 한다. 심지어 중요한 상황에서 몸과 마음이 얼음처럼 굳어 버리는 현상인 초킹 현상을 막아주는 효과도 있다.

《부동의 심리학》이란 책에 보면, 글쓰기가 초킹 현상도 막아주는 놀라운 효과가 있다고 말한다. 심지어 글쓰기를 통해 질병이 호전되고, 병원을 찾는 횟수까지 줄어든다고 덧붙인다. 그 이유는 무엇일까?

내면의 아픔과 슬픔, 우울함과 걱정거리를 세상 밖으로 끄집어내고 표현하는 순간, 그 슬픔과 아픔은 절반 이상 줄어들고, 나머지 절반은 이 세상이 함께 아파하고 슬퍼하고, 함께 고민해주기 때문이다.

> "걱정거리를 글로 쓰는 것이 어떻게 초킹 현상을 막는 것일까? 이들이 곧 느끼게 될 중압감을 의식적으로 숙고했고 또 그 중압감이 커질수록 성적이 좋아지는 것이 아니라 나빠진다는 것을 생각하면 다들 이와 반대되는 현상이 나타나리라 예측했을 것이다. 그러나 불안과 근심을 글로 적는 일의 장점을 발견한 사람은 우리뿐만이 아니다.
> 지난 몇십 년 동안 심리학자 제임스 펜베이커는 가까운 가족의 죽음이나 힘든 이별, 대학에 들어가 처음으로 집을 떠나 사는 것 등 살면서 개인적으로 충격을 받은 사건들을 글로 쓰는 것이 얼마나 효과적인지 찬양했다. 펜베이커가 글쓰기의 장점을 이렇게 격찬하는 이유는 그와 동료들이 각종 실험을 통해, 자기 인생의 스트레스 요인들을 몇 주 동안 적다 보면 질병과 관련된 증상이 줄고 병원을 찾는 횟수까지 감소한다는 사실을 반복해서 발견했기 때문이다."
>
> 사이언 베일락, 《부동의 심리학》, 230~231 쪽

글쓰기가 정말 이런 치유의 효과가 있는 것일까? 쉽게 동의하지

못 하는 독자들이 있을 수 있다. 당연한 일이다. 그렇다면 불안한 존재들을 위하여,《철학의 위안》이란 책을 집필한 알랭 드 보통의 주장을 살펴볼 필요가 있다.

책쓰기를 하는 행위가 어떻게 치유와 회복 효과가 있는 것일까?

> 비참한 기분을 높이 평가한 철학자들은 거의 없었다. 현명한 삶이란 예로부터 고통을, 곧 번민, 절망, 분노, 자기 멸시, 비탄을 줄이려는 노력과 결부되었다.
>
> 《철학의 위안》, 277쪽

자신의 슬픔과 아픔, 상처와 고통을 줄이려고 노력하는 사람이 현명하다. 그렇다면 '어떻게 노력을 할 수 있는가'라는 문제에 직면한다. 철학자도 아닌 평범한 사람들이 어떻게 이런 고상한 노력을 할 수 있을까? 그 방법도, 순서도, 심지어 이런 노력을 왜 해야 하는지도 모르고 있다.

마음의 슬픔과 상처를 치유하기 위해 병원에 가거나 약을 먹는 행위는 누구나 할 수 있지만, 그것은 근본적인 치유와 회복이 아니다. 약물에 의존하는 것이기 때문이다. 가장 근본적인 치유와 회복은 스스로 치유되고 회복되는 것이다. 이렇게 할 수 있게 이끌어 주는 것이 책쓰기다.

　상처와 아픔, 큰 사건과 사고로 트라우마를 가지고 있었던 많은 이들이 글쓰기로 치유와 회복이 되는 경험을 했다. 글쓰기는 자신과 사건을 대하는 관점의 변화를 가져오고, 그 사건과 자신 사이에 틈을 만들어 준다. 그 틈을 통해 글을 쓰는 사람들은 비로소 숨을 쉴 수 있게 되고, 결국에는 희망을 바라볼 수 있는 것이다. 글쓰기는 우리에게 깊이와 평온을 불러오고, 그것은 세상과 사건을 좀 더 다른 시각으로, 폭넓게 바라볼 수 있는 혜안을 주고, 지혜를 얻게 해 준다. 이 모든 것이 연결되고 융합되어 결국 우리의 삶은 치유되고 회복되는 것이다.

책쓰기는
최고의 행복을 가져다 준다

　세상에서 가장 행복한 사람은 어떤 사람일까? 일반인들보다 돈이 수천만 배 많은 갑부, 재벌들일까? 아니면 로또 복권에 당첨된 사람들일까?

　로또 복권에 당첨된 사람들과 돈이 엄청 많은 사람은 걱정과 근심, 염려와 두려움 없이 행복한 삶을 누릴 것만 같다. 하지만 사실은 다르다.

　우리나라에서 우애가 깊었던 형제가 로또 1등에 당첨된 적이 있었다. 세금을 떼고도 12억 원이라는 거금을 받게 되었다. 하지만 이 돈은 화근이 되어, 결국 형이 동생을 살해하여, 한 가정을 파탄 내고, 자신은 살인범이 되어, 징역 15년이라는 형을 선고받게 되는 비극을 초래하게 되었다.

로또 1등에 당첨되지 않았다면, 최소한 살인범이 되지는 않았을 것이고, 단란했던 동생 가정을 가장의 죽음이라는 엄청난 불행과 고통을 주면서 파탄 내는 일은 없었을 것이다. 결국, 돈은 갈등과 불행의 씨앗이었다.

영국에서는 176억이라는 대박 로또에 당첨된 사람이 파티와 도박, 매춘, 보석과 초호화 차에 빠져서, 전 재산을 탕진했을 뿐만 아니라, 코카인 소지 혐의로 징역형을 살기도 하고, 온갖 소란과 말썽을 일으켜서, 법정에 출석하는 것이 일상이 되었고, 알코올 중독자로, 상습 전과자로 낙인찍혀 당첨되기 이전보다도 더 가난하고 힘들고 망가진 삶을 살게 되었다는 이야기도 있다.

복권당첨자의 사례를 아주 구체적으로 설명해 주는 대목이 있는 책이 있어서 소개한다.

| 뉴저지에 사는 에블린 아담스는 복권에 두 번이나 당첨되어 총

540만 달러(약 58억 원)를 받았다. 그러나 그녀는 행복해지지 않았다. 그녀는 카지노에서 재산을 탕진하고, 투자에 수없이 실패하며 그야말로 돈을 허공에 날려 버렸다. 그녀는 캠핑카 주차장에서 가난한 생을 마감했다. 3,530만 달러(약 382억 원) 잭팟을 터트린 조나단 바르가스는 반라의 여자들이 뒤엉켜 싸우는 여자레슬링에 투자했고, 실패했다. 10대에 복권에 당첨된 칼리 로저스가 받은 190만 파운드(약 32억 원)는 그녀를 성형 수술, 마약, 파티 그리고 세 번의 자살 시도로 안내했다. 오늘날 그녀는 돈이 저주였다고 말한다. 자! 돈이 행복을 줄까?

하노 백,《내 안에서 행복을 만드는 것들》, 109쪽

거액의 로또에 당첨되어, 부자가 된 사람 중에 이렇게 전과자로, 중독자로, 패가망신하는 사람이 많은 이유는 무엇일까? 그것은 행복은 저절로 다가오는 것이 아니라, 만들어가야 하는 것이기 때문이다.

미국에서 가장 유명한 종합건강관리센터 가운데 하나인 캐니언 랜치의 소장으로 일했던 댄 베이커는 자신의 저서를 통해 벼락부자가 된 사람들에 관한 연구 결과를 소개한다.

일하지 않고 부자가 된 사람에 관한 가장 매력적인 연구 가운

데 하나는 로니 자노프 불만 박사팀이 진행한 복권당첨자들에 관한 연구였다. 연구팀은 거액 복권당첨자 22명을 보통 사람 22명, 갑작스럽게 몸이 마비된 환자 29명과 비교했다. 그 결과를 보면, 복권당첨자들은 일시적인 환호와 탄성의 순간이 지난 뒤로는 보통 사람들로 구성된 22명의 집단에 비해 특별히 행복하지 않았다. 심지어 자잘한 일상사에서 누릴 수 있는 즐거움을 상당 부분 잃고 말았다. 갑작스럽게 몸이 마비된 환자들은 일단 자신에게 닥친 불행의 충격에서 벗어나자 예상만큼 그렇게 불행해 하지 않았다. 그리고 복권 당첨자에 비해 작은 기쁨을 누릴 줄 아는 능력은 더 커졌다. 믿거나 말거나, 그들은 복권 당첨자보다 미래의 행복에 대해 훨씬 더 낙관적이었다.

댄 베이커, 《인생 치유》, 81쪽

행복은 거액의 돈이 있다고 저절로 얻을 수 있는 것이 아니다. 돈과 행복은 상관관계가 있지만, 인과 관계는 아니다. 어느 정도의 돈을 통해 더 행복할 수는 있다. 월세를 내지 못해 고통받고 있는 가난한 사람에게는 몇 달 치 월세를 한 번에 낼 수 있는 돈이 생기면, 이것보다 더 행복한 것도 없다. 하지만 이것은 일회성이다. 이런 행복을 철학에서는 헤도니아hedonia라고 한다.

그리스 철학자 아리스토텔레스는 행복을 두 종류로 구분했다. 첫 번째는 복권에 당첨되었을 때, 월드컵에서 자신의 나라 팀이 우승했을 때, 입시 시험에 합격했을 때 등과 같은 일시적인 경험을 통해 얻는 행복인 헤도니아hedonia다. 두 번째는 오랜 시간 훌륭한 삶이나 성찰을 통해 얻을 수 있는 지속적인 삶의 만족감이나 오랜 명상과 수행을 통해 얻은 행복인 에우다이모니아eudaimonia다.

현대 뇌 과학도, 아리스토텔레스도, 삶의 궁극적인 목적은 행복 추구이며, 그 중심에는 에우다이모니아와 같은 삶의 지속적인 만족감을 얻기 위해서는 동물과 구별되는 인간만의 특별함인 이성을 완성해 나가야 한다고 말한다.

즉 외부에서 주어지는 성공과 쾌락, 부와 명성, 로또 복권 당첨 등은 우리의 이성을 완성해 나갈 수 없다. 중요한 것은 내면에서 오랜 수행이나 지속적인 이성 활동을 해야 한다. 하지만 현대인들은 너무나 바쁘고 분주하다. 이런 시대에 최소한의 정신적, 이성적 훈련을 할 수 있게 해 주는 도구가 바로 책쓰기다.

현대인은 과거에 황제나 왕하고도 비교할 수 없을 만큼 풍족한 의식주와 문명의 이기를 누리고 있다. 과거에는 진시황도 누릴 수 없었고, 듣도 보도 못한 수많은 쾌락이 지금 이 시대에는 넘쳐난다. 이런 쾌락이 우리를 과연 행복하게 만들 수 있을까?

행복학에서 새롭게 떠 오르고 있는 이론이 하나 있다. 그것은 '적응 수준 이론'이다. 이 이론은 한 마디로 이야기하면, 일단 어떤 쾌락에 적응이 되고 나면, 즉 많이 하게 되면, 더 이상 그 쾌락은 우리를 행복하게 해 주지 못한다. 그래서 훨씬 더 강도 높고, 더 센 새로운 쾌락이 있어야만 그 이전 수준의 행복과 만족을 경험할 수 있다.

바로 이런 이유에서 가장 행복하게 평생을 살 것 같은 세계적으로 유명한 영화배우나 가수가 마약과 섹스에 중독이 되어 폐인이 되는 것이다. 쾌락이 우리에게 주는 가장 큰 함정은 권태와 공허감이다.

아무리 강렬한 쾌락도 일정한 적응기가 지나면, 그 쾌락은 쾌락의 지위를 상실하고, 다시 예전 수준으로 돌아간다. 그래서 이전보다 더 강렬하고 더 새로운 낯선 쾌락을 갈망하게 된다. 이것이 반복되면, 인간은 몸과 마음이 피폐해지고 망가지게 된다. 쾌락을 좇아가는 자들은 '쾌락의 쳇바퀴'에 갇히게 된다. 이렇게 되는 것이 쾌락의 속성이다.

마약과 같은 강력한 쾌락도 위험하지만, 매일 빈둥빈둥 소파에 드러누워서 오랫동안 TV나 넷플릭스를 시청하는 것도 위험하다. 매년

6만 명이 미국에서 마약 중독으로 죽는다. 하지만 더 놀라운 사실은 최소 25만 명의 미국인이 매년 소파에 앉아서 TV 시청을 하는 것과 같은 생활 방식과 과식 때문에 죽는다.

소파에 앉아서 오랜 시간 리모컨만 굴려서 TV나 넷플릭스로 드라마나 영화를 시청하는 것보다는 노트북 앞에 앉아서 머리를 굴려서 책을 쓰는 것이 몸과 마음의 건강에도 유익하고, 경제적, 사회적으로도 유익하다.

행복을 매일 지속해서 만들어 나갈 수 있어야 한다. 무엇보다도 행복은 몸과 마음에 유익한 영향을 끼쳐야 한다. 그런 점에서 행복도 기술이다. 행복은 어떤 하나의 결과가 아니라 그것을 만들어가는 과정이다. 그렇다면 어떤 기술이 있으면, 어떤 과정이 있어야, 우리는 지금 이대로의 모습과 형편에서 가장 행복할 수 있을까?

행복한 삶을 사는 데 필요한 것은 성공이나 쾌락이 아니다. 그것은 선택과 실천이다. 아무것도 하지 않고 한량처럼 집에서 빈둥거리면서 온종일 TV만 시청하는 사람은 행복하다고 할 수 없다. 반면에 아침 일찍 도서관에 가서 자신이 좋아하는 분야의 책을 읽는 것을 뛰어넘어 자신의 이름으로 된 한 권의 책을 집필하고 만들어가는 사람은, 그 책이 출간되기도 전에, 책을 쓰는 그 과정과 행동, 즉 책쓰기를 하겠다고 결정하는 그 선택과 책을 쓰는 행동과 실천을 통해 이미 날마다 지속해서 행복감과 성취감을 느끼게 되어, 행복한 하루를 보낼 수 있다.

행복하기 위해서는 주머니에 돈이 채워져야 하는 것이 아니다. 마음이 꽉 채워져야 행복을 느낄 수 있다. 마음이 꽉 채워지기 위해서는 반드시 무엇인가를 하는 것이 중요하다. 즉 행복은 행동에서 비롯된다고 할 수 있다. 그래서 책쓰기를 하면 일상이 행복하고 즐거워진다.

> 행복의 원칙은 첫째 어떤 일을 할 것, 둘째 어떤 사람을 사랑할 것, 셋째 어떤 일에 희망을 품을 것이다.
>
> _칸트

> 대개 행복하게 지내는 사람은 노력가이다. 게으름뱅이가 행복하게 사는 것을 보았는가! 노력의 결과로써 오는 어떤 성과의 기쁨 없이는 누구도 참된 행복을 누릴 수 없기 때문이다. 수확의 기쁨은 그 흘린 땀에 정비례한다.
>
> _블레이크

책쓰기를 하면 일상이 행복해지고 즐거워진다. 그 이유는 바로 책쓰기가 우리에게 가져다 주는 부지런함에 있다. 책쓰기에는 사람을 부지런하게 하는 요소가 있다. 책쓰기를 하면 사람이 행복해지는 이유다.

어떤 일이라도 하는 사람은 아무것도 하지 않고 있는 사람보다 더 행복하다. 그리고 무엇인가의 성과를 맛볼 수 있다면, 그 행복은 증폭된다. 책쓰기를 하면, 책이 출간될 때가 바로 그 순간이다. 출간되어 인터넷에서 검색하면 당당하게 책이 검색될 때만큼 행복하고 뿌듯하고 즐거운 순간은 또 찾아보기 힘들다.

책쓰기는 그 과정을 통해서도 당신을 행복하게 하고, 즐거워지게 만들지만, 그 결과물로도 당신을 행복하게 해 준다. 금상첨화가 아닌가! 아니 일거양득이 아닌가!

책쓰기는
내게 작가라는 신분을 주었다

수십 만권의 책을 읽었다고 해서 저절로 작가가 되는 것은 아니다. 아무리 많은 책을 읽어도, 그저 독자에 불과하다. 하지만 단 한 권의 책을 쓰면, 그는 작가로 도약하게 되고 작가라는 신분을 얻게 된다. 이것이 책쓰기가 내게 가져다준 가장 현실적인 선물 중 하나다.

10년 넘게 잘 다니던 삼성전자를 헌신짝처럼 내팽개치고, 대기업 팀장이라는 계급장과 삼성맨이라는 신분을 내던지고, 도서관에서 종일 책만 읽는 '무직자' 혹은 '백수'가 되었다. 팀원들이 있고, 번듯한 직장이 있고, 동료가 있고, 선후배가 있고, 직분과 직위가 있을 때는 몰랐다.

그 어떤 직분과 직위도 없이, 그 어떤 곳에도 소속되지 않은 채, 홀로 도서관에서 독서를 한다는 것은 이전과 전혀 달랐다. 그야말로 혼자였다. 가장 힘든 부분이 있었다면, 바로 이런 점이다.

대학교를 다닐 때도, 대학교에 소속된 대학생이라는 소속이 있었고, 신분이 있었다. 군대 생활을 할 때도 마찬가지였다. 그리고 대학을 졸업 후 바로 입사한 삼성전자에서 10년 넘게 대기업에 몸담은 직장인이라는 소속감과 삼성맨이라는 신분은 있을 때는 그 소중함을 미처 모른다.

회사에 사표를 던지고 나오면, 비로소 알게 된다. 필자는 3년 동안 그 어떤 곳에도 속하지 않았고, 혼자였고, 그 어떤 사회적 신분이나 타이틀이 없는 말 그대로 백수, 무직자가 되었다.

도서관에서 아마도 10년 이상 내리 책만 읽었다면, 아직도 그 어떤 타이틀이나 신분은 주어지지 않았을 것이다. 하지만 생애 최초의 단 한 권의 책을 쓰고, 출간하자마자, 즉시 내 인생 최초의 작가라는 신분을 얻게 되었다.

3년 넘게 도서관에서 고군분투하며 책을 읽었고, 그 후로 변함없이 홀로 도서관 한구석에 앉아서 책을 쓰고 있는 필자에게 한 통의 전화가 걸려 왔다. 그 전화기 너머로 들리는 첫 번째 말이 내게 엄청난 감동을 주었다.

"김병완 작가님, TV 조선 시사 토크 판입니다. 내일모레 생방송에 출연하실 수 있으신가요?"

충격과 감동이었다. 작가님이라는 호칭이 익숙하지 않았기 때문이다. 이제는 너무나 익숙해졌지만 말이다. 이때를 시작으로 수도 없이 많은 전화를 받았고, 전국을 다니면서 강의를 하고 또 강의해야 했다.

"작가님, 특강을 좀 부탁드려도 되겠습니까?"

"작가님, 집필을 의뢰해도 되겠습니까?"

"작가님, 방송 출연을 부탁드려도 되겠습니까?"

인간은 사회적 동물이다. 세상과 타인이 나를 어떻게 부르고, 무엇으로 생각하느냐 하는 것은 매우 중요하다. 책을 출간하기 전에는 그냥 백수, 무직자였지만, 책이 출간되자마자, '작가님'이 되었다.

'작가'라는 신분은 책쓰기를 하는 사람만이 얻을 수 있는 선물이다. 그리고 특권이며, 은총이다. 크나큰 기쁨이 아닐 수 없다. 부와 성공으로 가는 지름길을 발견한 것과 다름없다. 인생은 짧다면 짧고, 길다면 긴 인생이다. 인생은 길어야 100년이다. 정말 건강한 사람은 100세 이상으로 살아내기도 한다. 평균 수명이 과거 100년보다는 많이 늘어났다.

이렇게 긴 인생을 어떻게 살아낼 것인가? 그저 직장인이었다는 그런 과거의 신분 하나로 버틸 수 있을까? 그 어떤 신분도 가지고 있지 않은 채, 인생의 후반기를 맞이한다고 생각하면, 아찔하다. 총도 없이 전쟁터에 나가는 것과 같은 심정일 것이다.

작가라는 신분은, 총이 아니라 때로는, 사람에 따라서는, 기관총이 될 수도 있고, 심지어 대포도 될 수 있다. 당신은 어떻게 미래를 준비하고, 노후대책을 세우고 있는가? 솔직히 돈만 많아도, 큰 걱정은 없다. 하지만 그저 먹고살 수 있는 것만으로는 큰 만족을 할 수 없는 것이 인간이다. 인간은 욕심이 끝이 없는 존재이기도 하다.

배부르고 등 따시면 다른 욕망이 생겨나는 존재다. 인간은 복잡한 욕구를 다양하게 가지고 있는 존재다. 인간의 욕구를 단계별로 정립한 사람이 미국의 행동심리학자인 아브라함 매슬로우다. 그는 인간의 욕구를 5단계로 정립했다.

그는 욕구를 '인간이 충족하고 싶어 하는 생리학적이고 심리학적인 결핍'이라고 정의했다. 그는 욕구의 단계를 저차원의 욕구에서 시작해서, 가장 고차원의 욕구로 올라가면서 서열화하고 단계화시켰다. 그의 욕구 이론의 전제는 낮은 단계인 이전 단계의 요구가 충족되어야만 그다음 높은 단계의 욕구를 충족하고자 하는 동기를 유발 한다는 것이다.

　가장 낮은 단계의 욕구는 결핍 욕구에 속하며, 생리적 욕구, 안전에 대한 욕구, 소속의 욕구(사회적 욕구)가 있고, 그 위에 있는 욕구는 성장 욕구에 속한다. 성장 욕구에 속하는 것은 인정과 존경을 받고자하는 욕구, 자아실현의 욕구로 서열화 할 수 있다.

　그리고 그는 가장 상위 단계인 자아실현 욕구를 4가지 욕구로 또나누어, 총 욕구 위계 8단계를 제시한다. 자아실현 욕구는 다시 인지적 욕구, 심미적 욕구, 자아실현 욕구, 자기 초월 욕구로 세분된다.

　인지적 욕구는 세상과 타인에 대해 더 많은 것들을 알고자 하는 욕구이며, 심미적 욕구는 아름다움을 추구하고자 하는 욕구다. 자아실현 욕구는 자신의 잠재력과 능력을 발휘하여, 자기완성을 추구하는 단계의 욕구다. 자기 초월 욕구는 여기서 한 단계 더 나가서 타인을 돕고, 세상과 타인과 연결되고자 하는 가장 높은 수준의 욕구 단계다.

　매슬로우의 욕구 이론을 토대로 생각해 보면, 사회적으로 그저 백수, 무직자로 살아가는 것보다는 작가라는 신분을 얻어서 살아가는 인생이 훨씬 더 성장 욕구를 충족시킨다. 작가는 끊임없이 책을 쓰기 위해 공부하고, 성장하기 때문에 인지적 욕구를 충족시킬 수 있다.

동시에 출간된 책이 베스트셀러가 되고, 팬이 생기고, 전문가로 인정을 받게 되면, 자아실현 욕구와 자기 초월 욕구가 충족되는 것이다.

책쓰기만큼 다양한 욕구를 제대로 충족시켜 주는 직업도 없다. 책쓰기는 정말 수지맞는 장사다.

책쓰기는
내게 몰입의 기쁨을 주었다

미치도록 행복한 순간이 언제였는가? 어린아이처럼 행복한 순간이 최근에 있었는가? 아마도 많은 성인은 이런 순간이 기억나지 않을지도 모른다. 미치도록 행복한 나 자신을 만나고 싶다면, 아주 기가 막힌 방법이 있다. 그것은 바로 '몰입'의 순간을 경험하는 것이다.

몰입에 대해서 세계 최고의 권위자이자, 몰입 열풍을 불러일으킨 주인공은 40년 동안 시카고대학교 심리학과 교육학 교수로 재직한 바 있는 미하이 칙센트미하이 교수다. 그는 일찍부터 인간의 창조성과 행복의 관계에 대해 지속해서 연구해 왔다. 창조적인 사람이 되기 위해서는 3가지가 필요하다고 그는 말한다.

첫 번째는 일반인들보다 훨씬 더 풍부한 전문 지식, 두 번째는 창의적으로 생각할 줄 아는 사고, 그리고 마지막 세 번째 요건이 바로 '몰입'이다.

몰입의 순간을 경험하고, 의도적으로 자주 몰입하고 싶은 사람은 어떻게 해야 할까? 몰입 경험을 할 수 있는 가장 좋은 방법은 무엇일까?

칙센트미하이 교수는 자신의 책을 통해, 노벨문학상을 받은 알렉산더 솔제니친이 가장 힘들고 어렵고 모욕과 수치심을 느끼고, 인간 이하의 대접을 받고, 생존이 위협받는 그런 감옥에서 어떻게 몰입의 순간으로 전환 시킬 수 있었는지를 이렇게 설명한다.

> 총을 들고 있는 교도관들이 옥박지른 소리를 들으며 풀이 죽은 죄수들 사이에 서 있을 때도 내 머리에는 시와 이미지가 물밀 듯 떠오르는 것 같았다. 그 순간 나는 자유였고, 행복한 사람이었다. 어떤 죄수들은 가시철조망을 끊고 탈출을 시도했지만, 나에게는 어떤 철조망도 없었다. 나를 포함한 죄수들 모두는 고스란히 감옥 안에 있었지만 사실 나는 그곳으로부터 먼 비행을 하고 있었던 것이다.

몰입은 저절로 찾아오지 않는다. 몰입에 빠지기 위해서는 스스로 목적성을 가져야 한다. 이런 사람들은 외적인 위협에 쉽게 방해받지 않는다. 자신의 형편과 상황을 뛰어넘어 새로운 기회를 찾아내는 사람들이다.

칙센트미하이 교수가 몰입을 발견할 수 있었고, 누구보다 먼저 몰입에 관한 책을 출간할 수 있었던 것은 한 가지 질문에서 시작되었다. '인간은 어떻게 하면 행복해질까'라는 질문이었다.

인간이 가장 행복한 순간, 최고의 나를 만나는 순간은 재미있게도 하나의 순간, 우리가 알지 못했던 바로 그 순간과 같으면서 동시에 그 순간이 이 두 가지를 이끈다는 사실도 발견했다. 그 순간이 바로 '몰입'의 순간이다.

칙센트미하이는 이러한 상태를 '플로우FLOW'라고 불렀다. 마치 물 흐르는 것처럼 편안한 느낌, 하늘에서 구름이 떠다니고, 자유롭게 날아가는 느낌이기 때문이다. 몰입의 경험, 즉 플로우 경험은 우리에게 어떤 유익을 구체적으로 주는 것일까?

칙센트미하이 교수는 이렇게 설명했다.

> 플로우 활동은 개인에게 발견의 느낌, 새로운 세계를 접하는 듯한 창의적 깨달음을 준다는 것이다. 또 우리가 한층 더 높은 수준의 수행을 할 수 있도록 도와주고, 이전에 경험해본 적 없

는 인식의 상태를 느끼게 해 준다. 간단하게 말하자면, 자아를 좀 더 복합적으로 만들어서 변형시킨다. 플로우 활동의 핵심은 '자아의 성장'에 있다.

미하이 칙센트미하이, 《몰입FLOW》, 144쪽

몰입의 경험은 인간을 최고의 능력자로 만들어 주고, 가장 행복한 경험을 하게 해 준다. 그렇다면 책쓰기가 어떻게 해서 필자에게 몰입의 기쁨을 선사해 줄 수 있었을까? 몰입의 구성요소를 살펴보면, 이렇다.

- 구체적이고 정확한 목표가 있어야 한다.
- 너무 쉽지도, 반대로 과도하게 어렵지도 않은, 한 마디로 성공 가능성이 있는 과제.
- 즉각적인 피드백을 경험할 수 있는 행위.
- 일상과 주위를 의식하고, 깊은 주의를 하게 해 주는 행위.
- 행위 그 자체가 목적이며, 목표인 행위.

책쓰기는 놀랍게도 이런 행위와 거의 일치한다. 책을 쓴다는 것은 너무나 구체적이고 정확한 목표, 그 자체다. 책쓰기는 언제나, 너무 쉽지도, 그렇다고 해서 너무 과도하게 어려운 것도 아니다. 한 마디로 충분히 승산이 있는, 해 볼 만한 즐거운 과제이다. 책쓰기는 즉시 피드백이 되돌아오는 행위다. 내가 지금 쓰고 있는 문장이, 쓰고 있는 본문이, 좋은 문장인지, 나쁜 본문인지 어느 정도 평가가 즉시 된다. 책쓰기를 하다 보면, 주위의 상황과 입장을 온전하게 잊는 경우가 많다. 오롯이 책쓰기에 집중하게 되기 때문이다.

무엇보다 책쓰기는 그 자체가 목적이며, 목표인 행위다. 몰입의 순간에는 시간의 흐름을 잊는 경우가 많다. 필자는 책쓰기를 할 때, 30분을 한 것이라고 생각했는데, 나중에 알고 보니 서너 시간이 훌쩍 지날 때가 많아서 자주 놀라곤 했다. 암벽 등반이나 독서 등도 몰입의 순간을 쉽게 경험하게 해 주는 행위이다. 하지만 책쓰기는 다른 그 어떤 행위보다 더 강렬한 몰입의 경험을 하게 해 준다. 이것은 마치 연주자가 연주를 몰두해서 하거나, 무용수가 몰아지경에 빠져서 춤에 몰입할 때와 같다.

필자는 타인을 만나서 이야기하거나, 잡담을 하면, 에너지가 빠지고, 축 늘어진다. 하지만 책쓰기를 하면, 이상하게도 할수록 에너지가 흘러넘치고, 활력도 강해지고, 무아지경에 빠져서, 시간이 너무나 빨리 흐르는 것을 경험한다. 무엇보다 책쓰기를 할 때가 가장 행복하고 즐겁다. 책쓰기가 필자를 이렇게까지 행복하게 해 주고, 즐겁게 해 주는 단 한 가지 이유는 바로 책쓰기가 몰입의 순간을 경험하게 해 주기 때문이다.

부산에서 3년 동안 독서를 하고, 그 후 온종일 책을 쓰던 때가 있었다. 그런데 어느 날 아내가 무단가출을 해서 2박 3일 동안 연락 두절이 되었고, 아이들을 유치원과 학교에 잘 보내 주고, 데리고 와야 한다는 문자만 하나 받고, 휴대폰은 전원이 꺼진 적이 있었다.

　아무 문제 없었던 아내가 갑자기 2박 3일 동안 연락이 안 되고, 어디에 있는지, 무엇을 하는지, 도대체 무슨 이유로 이런 일이 생겼는지, 너무나 두렵고 떨리고, 화가 나고, 스트레스가 극도로 심했다. 하지만 도서관에 가서 책을 쓰기 시작하자, 오뉴월에 눈이 녹듯 근심과 두려움, 분노와 스트레스는 사라지고, 몰입의 기쁨을 온전히 누리게 되었다.

　나중에 안 얘기지만, 아내는 남편이 가장으로서 돈도 안 벌고, 3년 이상 도서관에 출퇴근하여 책만 읽자, 극심한 생활고와 빚 때문에, 자살해야 할지, 이혼해야 할지 몰라서, 양산에 있는 기도원에 가서 기도했다고 한다. 믿거나 말거나, 나 역시 아직도 믿지도, 안 믿지도 않고, 그냥 생각하지 않는다. 그냥 과거지사기 때문이다.

제2장

왜 당신에게도
책쓰기가 필요할까?

물은 스스로 길을 낸다.
물은 웅덩이를 채우는 걸로 만족하지 않는다.
이내 곧 새로운 길을 만들어 흘러간다.
그러다가 또 다른 웅덩이를 채우고 또다시 길을 내고 흘러간다.
그렇게 흘러흘러 바다에 이르게 된다.

사람도 이와 다르지 않다.
살다 보면 스스로 길을 내게 된다.
나에게 있어 그 길은 바로 책쓰기였다.

《김병완의 책쓰기 혁명》, 43쪽

책쓰기는
세상을 넓게 길게 보는 통찰이다

> 우리 앞의 도전들은 전례 없는 것이고 서로의 견해차도 극심하
> 지만, 인류는 그것을 전화위복으로 삼을 수 있다. 우리의 두려
> 움을 계속 잘 제어하고, 자신들의 견해에 좀 더 겸허할 수만 있
> 다면. 테러범들은 심리 조종의 대가들이다. 아주 적은 사람을
> 살해하고도 수십억 인구를 경악하게 하고, 유럽연합과 미국 같
> 은 거대한 정치 구조물까지 뒤흔들 줄 안다.
>
> 유발 하라리, 《21세기를 위한 21가지 제언》, 237~238쪽

더 나은 오늘은 어떻게 가능할 것인가에 대해 탐구하고 나름의 제

안을 하는 책이 있다. 바로 《사피엔스》, 《호모데우스》로 우리에게도 유명해진 유발 하라리의 책이다. 그가 우리에게 제안하는 21가지 중의 하나는 '당황하지 말라'는 것이다.

이 이야기를 하면서 그는 테러범들의 사례를 활용한다. 테러범들은 우리의 공포심, 심리를 이용하는 대가라는 것이다. 우리는 모두 기억한다. 2001년 9월 11일에 뉴욕에서 일어난 테러를 말이다.

필자도 그때 그 충격과 장면은 아직도 생생하게 기억난다. 그 이후로 지구촌에서 매년 테러범에 의해 사망하는 사람의 수는 약 2만 5천 명에 이른다고 한다. 테러범에 대한 공포는 극에 달한다. 하지만 우리가 당황해서는 안 되는 이유가 있다.

당뇨병이나 혈당 수치가 높아서 매년 숨지는 사람은 350만 명이나 되고, 대기오염으로 인한 사망자는 두 배인 700만 명에 이르기 때문이다. 그런데도 우리는 당뇨병이나 대기오염보다 테러범을 더 무서워하는 것일까?

테러범들이 노리는 것이 바로 이런 점이다. 테러의 성공 여부는 테러 그 자체에 달린 것이 아니라 테러를 바라보는 우리 자신의 시각에 달려있다. 테러에 대해 우리가 침착하게 대응하지 못하고, 두려움과 공포에 과잉 대응하면, 그 테러는 성공하게 되는 것이다.

세상과 사건을 좀 더 냉정하게. 객관적으로 넓게, 길게 봐야 할 이유가 여기에 있다. 눈앞에서 발생한 잔혹한 테러 사건 현장만을 감각적으로 보고, 두려워하거나 당황해서는 안 된다. 동시에 우리는 우리 자신에 대해서 과신해서도 안 된다. 우리는 우리의 생각보다 더 무지하기 때문이다. 한 개인이 세상사에 대해 아는 것은 창피할 정도로 적다는 사실도 알아야 한다.

개개인의 차원에서 냉정하게 평가하면, 우리는 아는 것이 너무나 적다. 그 이유는 현대인들이 필요로 하는 거의 전부를 다른 사람의 전문성에 의존해서 얻기 때문이다. 유발 하라리는 자신의 책을 통해 '지식의 착각'이라는 용어를 설명한다.

우리를 조금이나마 겸손하게 하는 실험에서, 연구진은 사람들에게 지퍼의 작동 원리를 이해하고 있는지 물어본다. 응답자의 대다수는 아주 잘 이해한다고 대답하면서, 실제로 자신들이 그것을 이해한다고 생각한다. 그다음에 연구진은 응답자들에게 지퍼가 작동하는 과정을 자세히 설명해 달라고 주문한다. 그런데 놀랍게도 대부분 응답자가 이 질문에 답하지 못한다.

이것을 '지식의 착각'이라고 부른다. 즉 우리는 개인적으로 아는

게 별로 없지만, 다른 사람의 머릿속에 든 지식을 자신의 것이라고 착각하면서 산다는 것이다.

바로 이것이다. 책쓰기는 이런 지식의 착각에서 탈출할 수 있게 해 준다. 물론 완벽할 수는 없다. 하지만 최소한의 착각에서는 벗어날 수 있게 해 준다. 지퍼의 원리에 관한 책을 쓴다면, 100% 이런 주제에 대해 지식의 착각이라는 늪에서는 벗어날 수 있다.

우리는 '탈진실post-truth'이라는 시대에 살고 있다. 온 세상이 거짓말과 허구로 둘러싸인 무서운 시대라는 말이다. 가짜 뉴스가 판을 치고, 명확한 근거나 객관성과 무관한 지극히 사적이고 개인적인 주장에 의한 대중 매체가 넘쳐나는 그런 위태로운 시대에 우리는 살고 있다. 정신 차리지 않으면, 코 베어 가도 자신의 코가 베어졌는지도 모른 채 평생 살아가는 그런 시대라는 말이다.

책쓰기가 정말 우리에게 필요한 이유는 바로 이런 시대적 상황과 모습에서도 발생한다. 1만 시간의 법칙을 정확히 입증해서 창시해 준, 인지 과학계의 거장 대니얼 레비틴은 우리에게 충격적인 '탈진실'에 대해 말해준다. 그것은 바로 눈 뜨고 코 베이는 세상이라는 하나의 근거이기도 하다.

미국에서 전립선암에 걸린 남성은 250만 명 정도로 추산되는데, 그중에서 전립선암으로 사망하는 사람은 3%이다. 그런데 여기서 중요한 숨겨진 사실이 하나 있다. 먼저 전립선암은 진행 속도가 특히 느린 암이다. 이 말은 많은 전립선암 환자들이 전립선암 때문에 일찍 죽는 것이 아니라는 사실이다. 즉 전립선암에 걸린 남성 대부분은 병원에 가서 전립선암이라는 것을 발견하지 않는 이상, 자신의 건강에 따라서 자신의 수명대로 살다가, 전립선암을 지닌 채 죽는다.

그런데도 많은 전립선암 환자들은, 의사의 권유와 강요 때문에 수술을 받는다. 전립선암은 수술 후 재발 비율이 꽤 높은 암이다. 그리고 전립선암 수술을 받은 환자에게 발생하는 부작용은 아주 아주 끔찍하다.

수술을 받은 환자의 80%는 성행위에 필요한 만큼 발기 상태를 유지할 수 없고, 50%는 성기의 길이가 2.5cm가량 짧아지고, 요실금, 대변 실금, 탈장, 요도 절단 등의 부작용을 경험한다.

더 놀라운 사실은 48명의 전립선암 환자 중에 치료하지 않고 그냥 놔두어도 자신의 수명대로 아주 문제없이 살 수 있는 사람, 즉 치료하지 않고 놔두어도 안전한 경우의 환자가 47명이다. 달리 표현하면 48명의 환자 중에 수술로 그나마 수명이 연장되는 사람은 단 한 명 뿐이라는 점이고, 그나마 수술을 한 사람은 수명이 연장되는 대신,

엄청난 부작용으로 평생 고통받아야 한다는 사실을 간과해서는 안 된다.

이 수술은 간단한 수술이 아니므로, 수술 후에 회복되는 기간은 6주가 걸린다. 하지만 이 수술을 통해 수명이 연장되는 단 한 명의 환자의 수명도 6주다. 당신은 전립선암에 걸렸다고 해도, 그냥 수술하지 않고도 자신의 수명대로 아무 문제 없이 살아갈 것을 선택할 것인가? 아니면 별로 큰 이득도 없고, 부작용만 더 많고, 돈과 시간만 날리고, 큰 고통을 주는 그런 수술을 받을 것인가?

의료계가 숨기고 있는 암에 관한 진실을 밝힌 책이자, 아마존 종합 베스트셀러와 뉴욕타임스 베스트셀러에 오른 책인 《암의 진실》이란 책에 보면 충격적인 이야기가 나온다.

암에 대한 전문가이자, 암에 대한 치료 경험과 지식을 가장 많이 가지고 있는 암 전문의의 88.3%는 이런 충격적인 말을 했다.

"만약 내가 암 진단을 받는다면, 화학요법을 절대로 받지 않겠다."

암 환자의 면역기능을 곤두박질치게 하고, 죽음으로 모는 것은 암 그 자체일 수 있지만, 절망과 불안이 더 큰 주범이라고 이 책의 저자는 말한다. 부모님을 비롯해 일곱 명의 가족이 암으로 세상을 떠난 후, 암 치료법과 의료 산업의 진실을 파헤치기 시작한 타이 볼링거는 암 연구를 시작하고 10년 후 《암 자연치유 백과》라는 책을 출간하여 순식간에 베스트셀러에 올랐다.

이 책의 저자는 말한다. 암이 결코 사형선고가 아니라는 사실을 말이다. 우리가 암에 대해 제대로 알고, 정확히 대처한다면, 과도한 절망과 공포로 무너지지 않을 수 있다. 어떤 경우에도 희망은 있다는 점을 이 책의 저자는 강조한다.

책쓰기를 하면, 세상과 타인을 좀 더 긴 시각으로, 넓게, 객관적으로 바라볼 수 있게 된다. 이것은 매우 중요하다. 암 환자에게 가장 중요한 무기는 희망이듯, 탈진실의 사회에 가장 중요한 것은 통찰력이다. 책쓰기는 당신에게 통찰력을 선사할 것이다.

책쓰기를 하느냐 안 하느냐에 따라
인생이 달라진다

한국에 삼성을 세계 초일류 기업으로 키운 이건희 회장이 있다면, 일본에는 교세라를 초일류 기업으로 키운 이나모리 가즈오가 있다. 일본인들은 그를 '경영의 신'이라 부른다. 일본인들이 그를 경영의 신으로 추앙하는 이유가 무엇인지 궁금했다. 하지만 10년 전에 쓴 책을 보면, 그 이유를 약간은 알 것 같다. 그의 책에 보면 이런 문장이 나온다.

자신에게 주어진 환경을 부정적으로 보고, 불만스러워하며, 고통받고 있다고 생각할지, 아니면 곤란한 조건과 요구라도 자신을 성장시켜줄 절호의 기회라고 긍정적으로 받아들일지는 자신에게 달려있다. 어떤 길을 선택하느냐에 따라 도달하는 곳은 너무나 달라진다. 그것은 일도 그렇지만, 인생도 마찬가지다.

이나모리 가즈오, 《왜 일하는가》 147쪽

어떤 삶을 선택하느냐에 따라 도달하는 곳은 너무나 달라진다. 그렇다. 특히 책쓰기라는 길을 선택하느냐 안 하느냐에 따라 도달하는 곳은 엄청나게 달라진다. 매일 책을 쓰는 삶과 그렇지 않은 삶은 일상에서부터 인생의 모습이 달라진다.

매일 책을 쓰는 사람은 아무런 목표도 없이, 빈둥빈둥 나태하게 생활하지 않는다. 아무런 목표도, 계획도 없이, 나태하게 생활하는 사람은 곧 정신적으로, 인격적으로 타락하게 될 뿐만 아니라 자신에게만 주어졌고, 다시는 주어지지 않게 될, 그 어느 것보다도 더 소중한 시간과 세월, 젊음과 활력을 썩혀 버리는 것이다.

인생의 측면에서 볼 때 이것보다 더 안타깝고 아깝고 후회스러운 것도 없을 것이다. 위대한 사람들을 보라. 인류에게 스마트폰의 혁명을 앞당겨준 스티브 잡스, 동양 최고의 역사서를 집필한 사마천, 미국 독립의 초석을 다진 벤자민 프랭클린, 최초의 여성 노벨물리학상을 받고, 최초로 방사능 원소 존재를 발견한 과학자 마리 퀴리, 2차

세계대전을 연합국의 승리로 이끈 윈스턴 처칠, 근대정치의 철학적 근간을 마련한 니콜로 마키아벨리, 컴퓨터를 대중화시키고 윈도우를 개발한 빌 게이츠, 비행기를 인류 최초로 발명한 라이트형제, 과학의 새로운 방법을 제시한 프랜시스 베이컨, 페니실린을 발견한 알렉산더 플레밍, 자유와 평등을 외친 흑인인권운동가 마틴 루터킹, 인류에게 자동차의 대중화라는 선물을 준 헨리 포드, 노예해방을 이룬 미국의 위대한 대통령 아브라함 링컨, 인류에게 전구를 비롯한 수많은 발명품을 선사한 발명왕 토마스 에디슨, 질병과 미생물의 연관 관계를 밝힌 루이 파스퇴르, 인류에게 무의식의 세계를 밝혀준 정신분석학의 창시자 지그문트 프로이트, 르네상스를 대표하는 과학자, 예술가, 작가, 화가, 사상가, 천재였던 레오나르도 다 빈치, 지동설을 주창한 갈릴레오 갈릴레이, 상대성 이론을 발표한 알베르트 아인슈타인, 아메리카 대륙을 발견한 크리스토퍼 콜럼버스, 영국의 대문호 셰익스피어, 종교개혁을 이룬 마르틴 루터, 인류에게 인쇄술을 선사한 금속활자 인쇄술 발명자 요하네스 구텐베르크 등의 위인들이 하루하루 그 어떤 목표도 없이, 그 어떤 열정도 없이, 그 어떤 일도 없이, 빈둥빈둥 나태하게 생활했다면, 인류의 발전과 성장은 과연 가능했을까?

물론 세계에서 가장 오래된, 즉 세계 최초의 금속활자본은 독일의 구텐베르크보다 70여 년이나 앞선 것으로 유네스코가 인정한 '세계 최고最古의 금속활자본'은 청주 흥덕사에서 1377년 7월에 백운화상이 간행한 《불조직지심체요절》이다.

세계 최초의 돌격용 철갑전선인 거북선도 우리의 자랑이며, 세계에서 가장 과학적인 글자인 한글도, 50~60년 전만 해도 세계에서 가장 못 살고 가난했던 우리나라가 이제는 세계 경제 대국 10위에 드는 부자나라가 되었다. 그 어떤 나라도 해낼 수 없었던 한강의 기적과 초고속 성장을 이루어냈다. 그뿐만 아니라 위기에 강한 나라를 입증하듯 K-방역의 모범을 보여주었고, BTS를 포함해서 수많은 가수와 배우들이 한류 열풍을 이끌고 있다. 이 모든 것이 우리 민족의 우수성을 입증하는 증거이다. 하지만 우수성만 가지고 이루어진 것은 하나도 없다. 모든 것이 노력과 열정, 도전과 실천, 그리고 수많은 실패와 역경 속에서도 다시 도전하고 포기하지 않고 전진하는 불굴의 정신을 통해 이루어진 것이다.

책쓰기는 이런 모습을 많이 닮아있다. 책쓰기를 하는 사람은 게을러질 수 없다. 게으른 사람은 절대 책을 쓸 수 없다. 매일 부지런하게 책의 소재를 찾아야 하고, 세상을 탐구해야 하고, 남과 다른 시각으로 생각하고 고민해야 하고, 또 그것을 노트북에 타이핑을 해야 한다. 즉 지루할 틈이 없고, 빈둥빈둥 놀 시간이 없다.

책쓰기가 이 시대에 더 필요한 이유도 여기에 있다. 주식이나 부동산, 가상화폐, 재테크 등을 통해 상대적으로 이른 시간에 경제적 자유를 획득한 이들이 적지 않다. 그런데 먹고살 수 있을 만큼의 돈을 번 사람들에게 가장 큰 위험요소는 그다음에 발생한다.

먹고살 수 있을 만큼의 돈이 생기면, 많은 이들이 적당히 살면서 조금은 나태하게, 목표도 없이, 안일하게 생활하게 된다. 늦게까지 TV를 보고, 아침에는 정오를 훨씬 넘겨서 일어난다. 그래도 급하게 해야 할 일은 없기에 너무나 느긋하고 여유 있는 일상을 보낼 수 있다. 처음에는 이런 삶이 축복이며, 성공한 사람에게 자연스럽게 주어지는 보상이라고 생각할 수 있다. 물론 그렇다. 하지만 중요한 것은 그런 생활도 가능한 수준까지 성공한 사람이 어떤 선택을 하며, 어떤 모습으로 일상을 보내느냐가 그 이후의 인생을 결정짓는다는 것이다.

그 어떤 위기나 시련도 없이, 편하게, 먹고 자고 쉬면서 하루하루를 보내는 사람은 머지않아 정신적으로, 사회적으로, 인격적으로 타락하게 된다. 타락이라고 해서 살인이나 강간 등 강력범죄자가 된다는 말이 아니다. 아무런 목표도, 자극도, 위기도 없이 그저 나태하게 하루하루를 보내게 된다는 말이다.

이렇게 하루하루를 보내는 것은 큰 인생 낭비다. 인생을 살아가는 참된 의미와 가치를 잃어버리게 되고, 만사가 귀찮아지게 되고, 힘들고 어렵게 땀을 흘리면서 일을 한 후 맞이하는 꿀맛 같은 휴일의 기쁨과 즐거움을 경험할 수 없게 되고, 정신 건강과 더불어 육체 건강도 망가지게 되기 때문이다.

인생 최고의 기쁨은 열심히 일하고 나서 맞이하게 되는 그 성과와 휴식이다. 그런데 열심히 일하지 않고 허구한 날 소파에 드러누워서 TV만 보는 사람에게는 이런 최고의 기쁨이 주어지지 않는다. 열심히 살아가는 직장인에게도 책쓰기는 다른 의미와 측면에서 꼭 필요한 것이지만, 이미 부와 성공을 이룬 사람에게도 마찬가지로 책쓰기는 꼭 필요한 이유가 바로 여기에 있다.

책쓰기를 하면
의식과 사고가 확장된다

성공한 사람들이 가지고 있는 성공 비결 중의 하나는 지속력이다. 그것은 평범한 사람을 위대하게 만든다. 자신의 능력을 뛰어넘어 다른 사람이 되게 만든다. 책쓰기를 하게 되면 바로 이런 영향을 받게 되고, 의식과 사고가 확장되는 이유가 여기에 있다.

천재나 위인이라고 불리는 사람들은 지속의 힘을 깨닫고 그것을 자기화한 사람들이다. 신념을 기반으로 남들이 뭐라고 해도 자기 일에 매진하는 사람은 아무도 예상하지 못한 놀라운 기술과 높은 인격을 갖추게 된다. 하늘은 스스로 돕는 자를 돕는 법이다. 지속의 힘, 그것은 평범한 사람을 비범한 사람으로 바꿀 정도로 무한한 파워를 가지고 있다.

이나모리 가즈오, 《왜 일하는가》 중에서

책을 쓴다는 것은 하나의 주제에 대해서 지속해서 책의 처음부터 끝까지 일관되게 이야기를 해 나가야 한다. 이 과정을 통해 책을 쓰는 작가들은 그 주제에 대해서 이 세상에서 가장 일관되게 고민하고 연구하고 사색하고 해결책을 찾는 사람의 대열에 합류하게 된다. 그 순간 책을 쓰는 사람은 더는 독자의 수준, 독자의 시각, 독자의 마인드를 가지고 있지 않다. 그 순간부터 책을 쓰는 사람은 교수의 시각으로, 해결자의 수준으로, 작가의 마인드를 가지게 된다.

책쓰기를 하면 의식이 달라지고, 사고가 확장된다. 의식과 사고가 확장되면, 삶의 만족감이 높아지게 된다. 왜 그럴까?

미주리 대학의 케넌 셸던 박사는 사람들에게 가장 큰 만족을 주는 것이 무엇인지에 대해 조사하는 연구를 했다. 연구에 참여한 학생들에게 최근에 가장 만족스러웠던 일을 떠올린 다음, 그 일이 왜 기분 좋았는지 이유를 서술했다.

참여한 학생들을 기분 좋게 해 주었던 주요 요인은 무엇이었을까? 그것은 돈이나, 인기, 영향력이 아니었다. 오히려 그것은 물질적인 것이 아니라 정신적인 것, 즉 의식과 사고에 관한 것이었다. 학생들을 가장 기분 좋게 해 주었고, 만족스럽게 해 준 것은 스스로가 자기 일을 담당하고 있다는 의식이었다.

내가 자율성을 가지고 있다는 의식과 생각, 내가 스스로 자아 존중을 하고 있다는 의식과 생각, 내가 타인과 함께 연대하고 있다는 의식과 생각 등이 가장 만족감을 주었다.

어떤 일에서 만족감을 주는 요소들의 순위를 살펴보면 이렇다.

어떤 일에서 만족감을 느끼는 요소들의 순위

1. 자율성, 자아존중감, 연대의식

2. 성취감

3. 즐거움

4. 자아실현, 건강 향상

5. 안도감

6. 인기, 영향력

7. 돈

출처: 《인생 치유》, 196쪽, 댄 베이커 외 1명

책을 쓰는 행위는 단순한 만족과 결과를 훨씬 뛰어넘는 수준에 이르게 된다. 한 권의 책을 씀으로 인생을 드라마틱하게 바꾼 이들이 적지 않은 이유가 바로 여기에 있다. 책을 쓰는 것은 노트북에 타이핑을 하는 행위로 설명할 수 없다. 책을 쓴다는 것은 의식과 사고를 확장하게 해준다. 바로 이런 이유에서 책쓰기는 당신이 반드시 해야 할 행위 중에서 가장 으뜸이다.

구속당하지 않고 자유로운 삶을 살고 싶다면, 책쓰기를 해야 한다. 책쓰기를 하는 사람들은 사회의 규범이나 제도에 구속당하지 않고, 자유로운 삶을 살았던 이들이다. 사회가 정한 길을 그대로 순응해서 가는 삶에서 벗어나 새로운 길을 스스로 만들고 개척할 수 있었던 것도 책쓰기가 가져다 주는 의식과 사고의 확장 덕분이다.

어떻게 보면 파격적이지만, 프랑스의 철학자 사르트르와 보부아르는 그 당시에 사회가 정한 규범과 길을 거부하고, 자신만의 새로운 길을 개척했다. 바로 '계약 결혼'을 한 것이다. 계약 결혼의 내용은 간단했다.

첫째. 다른 사람과의 사랑도 허용한다.

둘째. 아무것도 숨기지 않는다.

셋째. 경제적으로 독립하여 산다.

이들은 의식과 사고가 확장된 사람들이었기 때문에, 이것이 가능했다. 이렇게 파격적인 선택을 하고 삶을 살라는 이야기는 아니다.

의식과 사고를 바꿀 수 있는 능력은 인간으로서 가장 놀라운 능력 중 하나다. 개나 돼지는 절대 자신의 의식과 사고를 바꿀 수 없다. 애당초 의식과 사고라는 것은 존재하지도 않을 것이다. 영리한 고양이나 개가 그 비슷한 것을 가지고 있을지도 모른다. 하지만 인간처럼 스스로 자신의 선택과 행동을 통해, 자신의 의식과 사고를 확장하지는 못한다. 하지만 인간은 그것이 가능하다.

인간의 위대함은 여기에 있다. 인간은 스스로 얼마든지 자신의 의식과 사고를 확장해 나갈 수 있다. 하지만 이것이 전부가 아니다. 독자들이 꼭 기억해야 할 사실은 지금부터다. 지금부터가 더 중요한 이야기다.

인간은 스스로 의식과 사고를 확장해 나갈 수 있는 유일한 동물이다. 하지만 종일 TV 시청이나 하고, 어떤 이유에서든 로또든, 사업이든, 운이 좋아서든, 엄청난 돈을 벌어서, 은퇴를 일찍 해서 그 어떤 목표나 자극도 없는 너무나 편한 삶을 살아가는 사람은 절대 의식이나 사고가 확장되지 않는다.

세상에 공짜는 없다. 치열한 비즈니스 세계에서 날마다 출근을 해서, 직장 동료와 상사의 자극과 엄청나게 어려운 프로젝트의 달성하기 힘든 목표 달성과 같은 그런 자극이나 목표나 동인이 있을 때는 의식과 사고가 확장되고, 프로가 되어 간다.

평생 놀고먹는 사람은 절대 의식과 사고가 확장되지 않는다. 이런 사람들의 의식과 사고 수준은 가장 왕성했던 대학교 수준에서 벗어나지 못한다. 아니 그 이하일 수도 있다. 그래서 어쩌다 어른이라는 신조어도 만들어진 것이 아닐까? 생물학적으로는 어른이지만, 정신적으로는, 사회적으로는 아직 어린이 수준인 그런 어른이 지금 많이 생기는 이유가, 우리가 너무 잘 살기 때문이다.

평생 놀고먹는 사람보다는 새로운 주제에 관해서 탐구하고 공부하고 사색하고 치열하게 통합하고 새로운 주장을 펼치고 남과 다른 시각으로 세상과 타인을 바라보고, 그 결과와 과정을 기록하고 정리하고 글자 언어인 문자로 남기는 사람이 훨씬 더 인간다운 삶을 산다고할 수 있다. 평생 놀고먹는 것은 개가 인간보다 더 잘한다. 인간이라면 인간이 가장 잘하는 것, 사유하고 글자를 사용하고, 쓰고 기록하는 것을 잘해야 한다. 인간만이 할 수 있는 행위가 읽기와 쓰기이기 때문이다.

당신이 점점 더 인간다워지고 싶다면, 읽기와 쓰기를 게을리해서는 안 되는 이유다. 요즘은 개도 TV를 시청한다. 그러므로 제발 TV 좀 그만 보기 바란다. 자신의 의식과 사고 수준이 매우 낮을 것이라고 걱정하는 어른이 있다면, 가장 효과적인 방법이 책쓰기다. 책쓰기는 인간의 의식과 사고를 확장해 주는 가장 효과적인 방법이다.

인생이 바뀌면 의식과 사고가 바뀌고, 의식과 사고가 바뀌면 그 사람의 말이 바뀐다. 그리고 이것은 정확히 그 반대 순서로 일어나기도 한다. 당신이 사용하는 말이 바뀌면, 당신의 의식과 사고가 바뀌고, 의식과 사고가 확장되면, 당신의 인생도 확장된다. 후자의 경우가 바로 독서와 책쓰기다. 물론 지금까지는 독서만 강조했다.

많은 현인이 독서를 하면 인생이 바뀐다고 강조하고 또 강조했다. 독서가 인생에 매우 유익하고 좋은 것이라고 많은 이들이 이구동성으로 말한다. 도서관에 가 보면 독서에 대해서 언급하고 있고, 독서를 찬양하고 있는 책들은 너무나 많다. 하지만 책쓰기를 찬양하고, 책쓰기를 하라고 강조하는 그런 책들은 이제 겨우 조금씩 나오고 있다.

왜 독서만 강조해 왔을까? 그것은 책을 쓴다는 것을 일반인이 한다고 미처 생각하지 못했기 때문이다. 즉 책쓰기에 대한 의식과 사고가 편협했기 때문이다. 필자가 2013년도에 출간한 《책쓰기 혁명》이라는 책을 읽고, 어떤 기성 작가가 크게 충격을 받았다고 한다. 그 이유는 분명하다.

자신이 한 번도 생각해 본 적이 없는 의식과 사고의 확장에 관한 책이기 때문이었다. 성공한 사람, 실력 있는 사람, 전문가들만이 책을 쓴다고 하는 과거의 의식과 사고를 가지고 있는 기성세대 사람들에게는, 책을 쓰면 성공하고, 책을 쓰면 전문가가 되고, 책을 쓰면 실력 있는 사람이 된다고 하는 확장된 의식과 사고는 한 마디로 충격 그 자체이기 때문이다.

책쓰기를 하면
삶의 질과 수준이 높아진다

글쓰기를 통해 우리는 혼돈에서 질서를 찾고, 자신의 신념과 가설의 진위를 시험하며, 눈과 마음을 열고 세상을 똑바로 바라본다. 글쓰기를 통해 우리는 익명성 속에 자신의 정체성을 선포한다. 또한, 우리의 이성이 '그런 것들은 존재하지 않아.'라고 설득해도, 글쓰기를 통해 비로소 살아가는 목적과 아름다움과 의미를 찾아내기도 한다.

잭 헤프론, 《맛있는 글쓰기의 길잡이》, 8쪽

우리는 삶의 수준과 질을 결정할 수 있다. 어떻게? 부와 성공을 일

구어 내어 신분 상승을 하면 가능하다. 하지만 이것보다 더 근본적인 방법, 내면적인 방법도 있다. 바로 세상과 타인에 대한 내 생각과 의식을 바꾸는 길이다.

우리는 세상과 타인을 인식하는 방법을 바꿀 수 있다. 다른 말로 하면 선택권을 바꾼다는 말이다. 세상에 영원한 것은 없다. 모든 것은 변한다. 아이의 생각과 어른의 생각이 다르고, 남자와 여자의 생각이 다른 것처럼 말이다.

인간은 가장 근본적인 행위이자 힘을 가지고 있다. 그것이 바로 선택이다. 선택은 인간이 할 수 있는 최후의 행위이면서 동시에 힘을 가지고 있다. 최악의 상황에서도 많은 사람이 포기하는 순간에도, 불굴의 의지로 포기하지 않고 끝까지 해내는 것을 선택하기도 한다.
선택의 힘은 우리를 학습되어가는 무기력에서 탈출할 수 있게 해준다. 그뿐만 아니라 올바른 선택은 우리의 삶의 질과 수준을 높여준다. 선택은 부와 성공, 행복과 자존감의 특효약이 될 수 있다.

인생은 언제나 그 자리에서 불변할 수 없다. 좋은 쪽이든, 나쁜 쪽이든, 위로든 아래로든, 안이든 밖이든 계속해서 변하기 마련이다. 그것이 인생이다. 그리고 그것은 우리가 과거에 무엇을 선택했느냐에 따라 달라진다.

주인과 노예의 삶이 다르다. 주인과 노예의 삶을 가르는 가장 큰 차이가 바로 선택권이 있느냐 없느냐 하는 것이다. 아무리 쾌락이 넘쳐나는 삶이라도, 선택권이 없는 삶은 노예의 삶에 불과하다.

삶의 질과 수준은 선택에서 나온다. 그리고 그 선택은 당신의 부와 성공, 행복과 건강을 좌우한다. 자신의 삶에서 결정권을 행사하는 사람이 되어야 한다. 아무 생각도 없고, 아무 목표도 없고, 자신의 삶에서 아무런 의미와 가치도 발견하지 못 하는 사람의 삶은 절대 위대해지지 않는다.

우리는 선택을 통해 성장하고 성공하고 행복해지고 건강해질 수 있다. 선택하지 않는다는 것은 결국 자기 삶의 수준을 가장 밑바닥으로 추락하게 만드는 행위인지도 모른다.

당신의 삶은 무엇이며, 당신은 누구이며, 왜 살아가고 있으며, 무엇을 위해 살고 있으며, 미래에는 어떤 삶을 살아내기를 목표로 하고 있으며 지금 가장 관심 있는 주제는 무엇이며, 세상과 타인과 어떤 방법으로 소통과 교제를 하고 있는가?

이런 질문에 그 어떤 답변도 할 수 없다면, 당신은 사회적 동물이라기보다는 생물학적 동물에 가깝게 살아가는, 그저 연명하는 존재에 불과할지도 모른다.

당신은 자기 생각보다 훨씬 더 위대한 존재이다. 하지만 스스로 온종일 나태하게, 빈둥빈둥 살면서, 육체적인 쾌락만 좇아간다면, 생물학적인 존재에 가깝게 되는 것이다. 이런 최악의 상황을 예방하고, 백신처럼 면역력을 강화해 주는 행위가 있다. 바로 책쓰기다.

왜 책쓰기는 TV 시청, 술 마시기, 빈둥빈둥 놀기, 시간 소일하기 등과 다를까? 책쓰기는 스스로 선택해야 하고, 스스로 생각해야 하고, 스스로 해결책을 찾아야 하고, 숨어있는 의미와 가치를 발견해야 하고, '왜'라는 질문을 던지고 그것에 답해야 하고, 가장 효과적인 방법과 기술을 만들어야 하고, 왜 사는 지에 대해 탐구해야 하고, 세상과 타인, 수 많은 책과 논문, 다양한 학문과 실험 결과 등과 소통하고 교류해야 하고, 자신의 발자취를 세상과 타인에게 남기는 행위이기 때문이다.

TV 시청을 100년 동안 남들보다 더 열심히 했다고 해서 이런 것들을 할 수 있는 것이 아니다. 하지만 책 쓰기는 다르다. 단 한 권의 책을 통해서도 많은 것들을 할 수 있고, 더 중요한 것은 차원이 다른 행위를 하게 된다는 것이다.

아무리 세계 최고의 명문대를 다니면서 공부를 했다고 해도, 한 권의 책을 쓰는 것은 수준과 차원이 다르다. 하버드 대학교 교수 중에서도 한 권의 책도 쓰지 못한 사람이 많다. 단 한 권의 책도 쓰지 못한 철학자 소크라테스처럼 말이다. 물론 소크라테스는 책을 쓰지 못했다기보다는 안 썼다고 생각한다. 책이 독자들의 사고를 구속하고, 읽기만 하는, 스스로 생각하지 못 하는 인간을 만들어 버린다고 그는 생각했기 때문에, 책을 혐오했던 철학자이기도 하다.

책을 읽고 작가의 주장과 사고에 구속이 되어, 앵무새처럼 그 이론을 입으로 반복하는 수준 낮은 독자가 될 것인지, 책을 읽고, 그 책의 내용을 뛰어넘어 새로운 주장과 사고, 이론을 창출해 내는 최고 수준의 독자가 될 것인지는 오롯이 선택의 문제이며, 동시에 능력의 문제, 기술의 문제다.

책쓰기도, 독서도 하나의 기술이다. 분명하다. 수영이나 스키처럼 말이다. 수영을 잘할 수 있는 기술이 있는 사람은 한강도 쉽게 건널 수 있지만, 수영 기술이 부족한 사람은 목숨이 위태로워질 것이다. 스키의 기술이 뛰어난 사람은 산 정상에서부터 풍경을 구경하면서, 스키를 즐길 수 있지만, 스키 기술이 없는 사람은 구경은 고사하고, 수십 번도 더 넘어지면서, 내려와야 할지도 모른다.

책쓰기를 하면, 독서의 수준과 차원이 달라진다. 이것은 쉽게 학생과 교사의 비유를 들면 이해하기가 쉬울 것이다. 대학교의 대학생과 교수는 공부의 접근법, 방법, 시각이 다르다. 똑같은 분야를 공부한다는 측면에서는 같지만, 교수는 학생들을 가르치고, 평가하고, 측정하고, 더 새로운 논문을 쓰고, 학계에 발표하기 위해 공부를 한다. 학생은 자신의 전공과목의 범위에서 배우고, 시험을 잘 치고, 학점을 받고, 졸업 논문을 잘 써서 졸업하기 위해 공부를 한다. 학생과 교수의 공부 수준과 차원은 다를 수밖에 없다.

책을 만 권을 읽어도 독자는 독자에 불과하다. 절대 작가가 되는 것은 아니다. 작가가 되기 위해서는 선택과 결정을 해야 하고, 실천이 뒷받침되어야 한다. 독자는 아무리 많은 책을 읽었어도 독자다. 작가는 한 권의 책만 써도 작가다. 하지만 독자와 작가의 수준과 차원은 다르다.

독서법에 관한 책 만 권을 읽은 사람은 독서법에 대한 지식이 해박할 수 있고, 많은 것들을 알 수 있고, 독서를 엄청나게 잘할 수 있는 기술을 이미 터득했을 수도 있다. 하지만 그것뿐이다. 하지만 독서법에 관한 책 한 권을 출간하고 쓴 사람은 독서법에 대한 지식이 무조건 해박한 사람이라고 할 수 없고, 독서를 엄청나게 잘한다고 할 수 없다. 그런데도 이 사람은 독서법 전문가로 세상과 타인이 인정해 주고, 대우해 주고, 그렇게 바라본다.

한 권의 책을 쓰면서, 누군가의 경험이나 지식이 아닌 자기만의 생각과 경험을 선택했기 때문이다. 그뿐만 아니라 다양한 독서의 기술과 방법을 토대로 해서 자기만의 독서법을 만들어냈기 때문이다. 세상에 없는 새로운 독서법을 만들어낸 것이다. 불과 10년 전에는 존재하지 않았던 퀀텀 독서법이라는 새로운 혁명적인 독서법이 탄생한 것도 이런 맥락에서다.

이전에는 존재하지 않았던 퀀텀 독서법이 세상에 탄생하자. 미국에서도 소문이 나서, 퀀텀 독서법을 배우기 위해 건너오시는 분들과 전국 각지에서 퀀텀 독서법을 배우기 위해 매주 자녀 손 잡고 올라오시는 분들이 계시다. 지금까지 대한민국 성인 8,000명이 참여한 유일무이한 독서법 수업이 탄생하게 된 것이다.

한 권의 책이 탄생하자, 이런 성과가 만들어진 것이다. 만 권의 책을 읽는 것보다 한 권의 책을 직접 쓰는 것이 백 배, 천 배 더 낫다.

책쓰기를 하면
건강과 멘탈이 강해진다

　'메기론'이라는 신경영이론이 있다. 필자는 삼성전자에서 휴대폰 연구원을 11년 동안 했던 소위 삼성맨이다. 이 메기론에 대해서는 이건희 회장의 책을 통해 알게 되었다. 메기 이론을 즐겨 사용한 사람은 영국의 경제학자이자 역사학자인 아널드 토인비다.

　기업의 경쟁력을 키우는 데 필요한 것은 기업을 힘들게 하는 경쟁자, 위협요소, 불경기 등과 같은 자극이 필요하다는 이론이다. 실제로 과거에는 냉장기술이 발달하지 못했고, 거의 없었기 때문에, 북해 연안에서 청어를 잡아서 먼 배송지까지 운송하면, 거의 다 죽거나 싱싱하지 못했다. 그런데 냉장기술이 없어도, 먼 배송지까지 청어를 싱싱하게, 산채로 운송하는 방법을 발견했다. 그것은 바로 청어를 운송할 때는 반드시 천적인 메기를 한 두 마리 넣어 운반하는 것이다.

청어들은 자신의 천적인 메기에게 잡아 먹히지 않기 위해서 늘 도망 다녀야 했다. 그 결과 먼 배송지에 도착할 때까지도 싱싱하게 산채로 도착할 수 있는 것이다. 삼성을 초일류 기업으로 도약시킨 이건희 회장도 이 메기 이론을 즐겨 사용했고, 지금의 삼성을 만드는 데 크게 이바지했다고 본다.

우리 인생도 이와 다르지 않다. 최근에 아주 오랜만에 일이 생겨서 고향 친구들을 모두 만나게 되었는데, 친구들 모두 50대인데, '코로나 블루'나 우울증, '오춘기', 갱년기가 무엇인지도 모르고 건강하게 왕성하게 활동하면서 잘 살아가는 친구들도 있었고, 반대로 우울증, 코로나 블루, 오춘기, 갱년기로 힘든 시기를 한 번씩 겪은 친구들도 있었다.

이 두 부류의 차이점을 살펴보니, 충분히 메기 이론이 우리 실생활에도, 적용된다는 사실을 알게 되었다. 건강하고 왕성하게 갱년기, 오춘기도 모르고 생활하는 친구들은 모두 직장인들이었다. 직장인들은 사실 매일 출퇴근을 정시에 해야 하고, 직장에서는 늘 긴장을 하면서, 직장 상사의 평가와 요구에 대응해야 하고, 업무를 잘해야 한다. 이 모든 요소가 청어에게 천적인 메기의 역할을 해 준다.

우울증, 오춘기, 갱년기로 힘든 시기를 보내는 친구들은 하나같이 자영업을 하거나 1인 기업을 하거나, 아무 일도 하지 않는 친구들이었다. 즉 시간상으로 사회적으로 너무 편하고 쉬운 일상을 보낼 수 있는 환경, 특히 그 어떤 위협요소, 즉 자신을 괴롭히거나 평가하거나 힘들게 하는 요소가 하나도 없는 그런 환경 속에서 생활하는 친구들이었다. 결과적으로 이 친구들은 천적이 없었기 때문에, 건강도 멘탈도 약해졌다.

청어처럼 우리가 건강하고 활력 있게 살기 위해서는 적당한 자극과 위협요소가 필요하다. 당신에게는 이런 것들이 있는가? 그 어떤 자극도 없다면 당신은 스스로 망가지고 있다고 생각하면 된다. 스스로 적당한 자극을 주고, 긴장을 줄 수 있는 일이든, 사물이든 무엇인가가 필요하다.

책을 쓴다는 것은 당신에게 매일 자극을 줄 것이고, 적당한 활동을 하게 만들고, 적당한 스트레스도 주면서, 성취감과 기쁨과 희열도 줄 것이다. 여러 가지 측면에서 매일 책을 쓰는 사람은 건강과 멘탈이 강해질 수밖에 없다.

앞에서도 이야기했듯이 책쓰기는 건강에 유익하다. 특히 정신 건강에 유익하다. 현대는 정신 건강의 중요성이 더 높아지고 있다. 누구나 다 일정 수준 이상의 육체적 건강, 영양 상태, 위생 상태, 건강 지식, 의료 시설과 의료 시스템을 누릴 수 있기 때문이다.

과거에 책쓰기를 하신 선배 작가님들은 지금 후배 작가들과는 다른 세상을 살았다. 《진보적 글쓰기》란 책에 보면 이런 문장이 나온다.

> 글쓰기란 특정 인간의 숙명도 아닐뿐더러 종교는 더욱 아니다. 글쓰기는 개인의 선택일 따름이다. 그런데 글을 직업 삼는 것, 즉 전업적인 글쓰기는 몇 가지 상실을 초래한다. 건강과 경제와 친구다. 그러나 취미로 하는 글쓰기는 다르다. 이것은 글 쓰는 이의 삶을 정확하고 풍성하게 만들어 준다.
>
> 김갑수, 《진보적 글쓰기》, 9쪽

과거 이 삼 십 년 전과 지금은 너무나 많은 것이 달라졌다. 지금은 책쓰기가 몇 가지를 우리에게 가져다 준다. 바로 건강과 경제와 더 다양한 친구들이다. 이것은 전업적인 책쓰기를 하는 사람에게 더 유효한 이야기다.

책을 쓰면 삶이 더 풍성해지고, 더 건강해지고, 더 부유해진다. 의식과 사고도 더 강력해지고 명확해진다. 정신력이 강해지기 위해서는 나 자신이 누구인지? 내가 지금 어디로 나아가고 있는지? 내가 하는 행위는 정당한지? 지금 내가 유혹에 빠져서 허덕이고 있는지? 인생 최고의 실수를 하는지? 또다시 이런 기회가 생겨도 이 선택과 행동을 할 것인지? 이런 성찰을 하는 사람만큼 정신력이 강한 사람은 없다.

책쓰기는 현대인들에게 부족한 자아 성찰을 할 수 있게 해 준다. 이것이 말하기와 책쓰기의 가장 큰 차이다. 말은 한 번 발설하면 그만이다. 더는 세상에 남아있지 않고, 다시 들을 수도 없다. 하지만 책쓰기는 전혀 다르다. 책을 쓰면 세상에 남아있고, 언제나 어디서든 그 책을 읽을 수 있다.

책을 쓰는 사람은 쓰는 행위를 하면서 자기 성찰의 시간을 가지게 된다. 자신을 성찰하는 사람은 최악의 상황을 미리 대비할 수 있고, 어떤 시련과 역경이 와도 침착하게, 의연하게 대처할 수 있다. 이것이 책쓰기가 가져다 주는 유용함이다. 결국, 책을 쓴다는 것은 자신의 멘탈을 강하게 하는 작업이다.

책쓰기는
새로운 자신을 만나는 일이다

글쓰기는 사람들의 고통에 의미를 부여하고, 마음의 상처를 치유함으로써 좀 더 잘 살 수 있도록 도움을 준다. 인생의 부족함을 메우고, 유년 시절의 침묵을 극복하고자 자신의 삶을 글로 쓰는 사람들도 있다. 그런가 하면 세상이 온갖 일에 대한 호기심과 열정으로 글을 쓰는 사람들도 있다. 이들은 자신이 경험한 것 중 놀랄 만하거나 감탄스러운 것들을 머릿속에 고정하고 이를 언어로 형상화한다. 이것을 통해 스스로 변화되기를 원한다. 즉 글쓰기를 통해 자신을 보완할 수 있다. 그뿐만 아니라 글쓰기는 삶에 개입하거나 지속해서 영향을 줄 수도 있다. 많은

> 작가에게 글쓰기는 정말 중요해서 글을 쓰지 않는 삶을 상상할
> 수 없을 정도다.
>
> 프리츠 게징, 《마음을 흔드는 글쓰기》, 15~16쪽

세상에서 제일 부러운 사람이 누구일까? 인생은 딱 한 번뿐이다. 그러므로 인생을 여러 번 사는 사람이 있다면, 얼마나 부러울까? 그렇다. 인생을 여러 번 사는 사람이 정말로 있다면 가장 부러울 것이다. 하지만 불가능하다. 그렇지만 이런 인생은 가능하다. 어제와 다른 새로운 자신을 만나는 인생이다.

평생 늘 새로운 인생을 만나고, 새로운 자신을 만나는 사람은 어떤가? 세상에는 두 부류의 사람이 있다. 행복한 사람과 불행한 사람, 부자와 가난한 사람, 그리고 평생 살면서 오늘도 어제와 별반 다를 바 없는 그런 맥 빠지는 인생을 사는 사람과 늘 새로운 자신을 만나, 어제와 다른 인생을 신나게 살아가는 사람이다. 당신은 어떤 부류의 사람이 되고 싶은가?

책쓰기는 사회를 개선하고, 사람을 깨우치고, 영향을 주기 이전에, 그 책을 쓰는 사람 자신을 바꾼다. 완전히 탈바꿈시켜준다. 이것이 책쓰기의 위력이다.

책쓰기는 숨겨져 있던 진짜 자신을 만나는 일이 아니다. 그 이상이다. 책쓰기는 세상에 없던 새로운 나 자신을 발견하는 일이다. 어제의 나 자신과 전혀 다른 자신을 만나는 신나는 모험이기도 하다. 눈부신 도전이며, 인생 역전의 신호탄이기도 하다.

독서는 세상과 타인을 만나는 일이라면, 책쓰기는 진짜 자아를 초월하여, 새로운 자아를 만나는 일이다. 책을 쓸수록 새로운 자신을 만날 수 있다. 이 얼마나 신나고 가슴 설레는 일인가? 책을 아무리 써도 어제와 별반 다를 바 없는 인생을 산다면, 그런 책쓰기가 어떻게 당신의 인생을 역전시키겠는가? 어제와 전혀 다른, 새로운 인생을 살게 해 주는 그런 책쓰기를 시작하는 것이 좋다.

그렇다면 그저 그런 책쓰기와 인생을 바꾸는 책쓰기, 어제와 같은 나 자신을 만나는 책쓰기와 어제까지의 나 자신과 전혀 다른 새롭고 위대한 나 자신을 만나는 책쓰기는 어떻게 다른가?

필자는 책쓰기를 통해 어제와 전혀 다른 책쓰기 코치라는 새로운 나 자신을 만났고, 독서법 창안자라는 낯설기까지 한 나 자신을 만났고, 출판사 대표라는 어색하기까지 한 나 자신을 만났다. 평생 책을 써도, 어제와 별반 다를 바 없고, 어제와 같은 그런 수준의 나 자신을 매일 만나는 책쓰기는 그만두고, 새로운 자신을 만나는 책쓰기를 시작하자.

새로운 자신을 만나는 책쓰기는 인생을 바꾼다. 그저 생존하고, 먹고살기 위한 책쓰기는 인생을 바꾸지 못한다. 책쓰기는 생존하고, 추구하고, 극복하고 이겨내기 위한 것이다. 하지만 여기서 더 나가서 성장하고, 성공하고, 무엇보다 행복해지기 위해, 자신을 뛰어넘기 위해 반드시 해야 하는 일이다.

새로운 자신을 만나는 책쓰기는 성장과 성공, 자신을 초월하고 행복하고 부유해지기 위한 것이다. 삶을 풍성하게 하고 부유하게 하고 건강하게 하는 책쓰기인 것이다. 독서에도 종류가 있고, 책쓰기에도 종류가 있다. 당신은 어떤 종류의 책쓰기를 하고 있는가?

인생을 바꾸는 독서가 있는가 하면, 평생 독서를 하고 손에서 책을 놓지 않아도 인생이 조금도 꿈쩍도 하지 않는 독서가 있다. 책쓰기도 마찬가지다. 이것은 필자가 온몸으로 경험한 독서와 책쓰기의 시크릿 중에 하나다.

인생이 바뀌지 않는 책쓰기의 특징은 무엇일까? 그것은 작가라는 허상에 사로잡혀, 타인에게 그저 자신을 연출하려고 하는 사람들의 책쓰다. 인생을 바꾸는 책쓰기는, 새로운 자신을 만나는 책쓰기는 자신을 연출하지 않고, 그대로 노출한다. 벌거벗은 알몸 상태를 노출시키는 사람만이 부끄러움을 대면하고, 새로운 옷을 입게 된다. 우리 인생도 이와 다르지 않고, 책쓰기도 그렇다.

가면을 쓰고, 잘난 척만 하고, 타인에게 멋있게 연출만 하는 작가는 절대 인생이 바뀌지 않는다. 진짜 작가는 그래서 말하는 사람이 아니라 보여주는 사람이다. 그것도 가감 없이 전부 다 노출 시킬 수 있는 사람이다. 그것이 시작점이 되어야 한다. 책쓰기를 흉내 내는 사람은 절대 인생이 바뀌지 않는다. 새로운 자신도 만나지 못한다. 하지만 책쓰기의 바다에 풍덩 빠져 버리는 사람은, 마약보다 더 강력한 중독성을 경험하게 되는 사람은 인생이 바뀌지 않을 수 없고, 어제와 달라지지 않을 수 없다. 더는 어제와 같은 나 자신은 존재하지 않기 때문이다. 이미 성장하고 도약했기 때문이다.

인간은 책을 쓰는 만큼 더 많이 알게 되고, 깨닫게 된다. 아는 만큼, 깨달은 만큼 새로운 자신을 만날 수 있다. 새로워질수록 인생이 도약하고 바뀐다. 책쓰기가 새로운 자신을 만날 수 있게 해 주는 강력한 이유는 사고와 학문의 경계를 과감하게 허물어 버리기 때문이다. 기존의 지식과 편견의 견고한 성을 무너뜨려 버리기 때문이다. 어제의 나를 헌신짝처럼 버릴 수 있는 담대함이 생기기 때문이다. 우리는 아는 만큼 담대해질 수 있고, 그 담대함은 결국 인생을 도약시킨다.

책쓰기는
새로운 삶을 창조하는 일이다

글쓰기란 참으로 근사한 일이다. 글을 쓰면서 우리는 더는 자신에게 머물 필요가 없고, 자신이 창조한 우주에서 움직일 수 있으니 말이다. 예를 들어 오늘 나는 남자가 되었다가 여자가 되기도 하며, 가을날 오후에 노란 낙엽을 밟고 말을 타고 숲을 지나가기도 한다. 나는 또 멋지고 근사한 말에, 잎사귀에, 바람에, 주인공이 하는 말 속에 존재할 수도 있고, 심지어 사랑에 빠진 주인공의 눈을 감게 만드는 불타는 태양 안에 존재할 수도 있다.

글쓰기에 대해 산전수전을 다 겪은 프랑스의 소설가 귀스타브 플로베르가 한 말이다. 플로베르 역시 글쓰기로 인생을 바꾼 사람이다. 의사인 아버지와 자신에게 일어난 신경발작의 영향으로 파리의 법과대학을 그만두고, 요양하면서 동시에 집필에 전념하면서, 본격적인 글쓰기가 시작된다.

많은 이들은 그의 글쓰기를 고행에 가까운 글쓰기라고 말한다. 선정적이고 음란하다는 이유로 자신이 쓴 책《마담 보바리》때문에 기소를 당하지만, 결국 무죄 판결을 받는 우여곡절도 겪는다. 이 일을 계기로 문학적 명성과 대중적 인기를 얻고 여러 작품을 발표한다.

법대를 그만두고, 글쓰기에 몰두하여, 글쓰기를 통해 새로운 인생을 일군 플로베르는 자신이 위대한 소설가들에게 큰 영향을 끼치는 존재가 될 것이라고는 상상도 하지 못했을 것이다.

실존주의 문학의 선구자 프란츠 카프카는 플로베르의 글쓰기를 소설가의 전범典範으로 칭송하며, 문학의 수도승으로 섬겼다. 미셸 푸코는 이런 말로 플로베르를 칭송하기도 했다.

"먼저 플로베르의 꿈과 환상이 있고 난 뒤에, 말라르메와 조이스, 카프카와 보르헤스가 가능했던 것이다."

롤랑 바르트도 플로베르의 글쓰기에 대해서 이렇게 말했다.

"플로베르에 이르러 글쓰기는 그 내용과 형식의 대립 자체가 사라진다. 글을 쓰는 것과 사유하는 것의 차이가 사라지며 글쓰기는 어떤 총체적 존재가 된다. 그리하여 플로베르의 문장들은 하나하나가 독립된 사물이 된다."

그렇다. 글쓰기든 책쓰기든 일단 쓰면 그것은 통합되어 또 다른 총체적 존재를 창조하게 된다. 결국, 그것은 새로운 삶으로 이끌고, 심지어 창조하기까지 한다.

책쓰기로 새로운 삶을 창조한 사람들은 너무나 많다. 차고 넘친다. 그중에 한 명이 바로 김용택 시인이다. 그는 6.25 전쟁 이태 전에 태어났다. 그는 자신이 어떻게 글쓰기를 시작하게 되었는지에 대해, 어떻게 시인이 될 수 있었는지에 대해, 즉 책쓰기 전반에 대해 이렇게 말한 적이 있다.

책을 보기 시작하면서 내 인생은 시작되었고, 나는 책을 따라 다니며 글을 썼다. 그 길고도 긴 인생의 길이 책 속에 있었던 것이다. 내 책이 다른 책들 속에 섞여 있을 때 나는 신기하다. 내가 처음 글을 써보려고 했던 기억을 나는 지금도 또렷이 기억한다. 책을 읽다가 방바닥에 등을 대고 누워 나는 이렇게 생각했던 것이다. '그래, 저 책을 쓴 것이 사람들이지. 그렇다면 나도...' 그리고 나는 글을 써보기 시작했던 것이다.

《내 인생의 글쓰기》, 김용택, 30쪽

그는 시인이 되려고 책을 읽은 것도 아니고, 시인이 되려고 시를 쓴 것도 아니다. 그저 책을 읽는 것을 좋아했고, 많은 책을 읽고 생각이 많아지자, 머리가 복잡해서 어지러웠다고 한다. 생각이 많아지고, 머릿속이 복잡해지니, 자연히 그 복잡한 것을 정리할 수밖에 없었다. 그것이 바로 그의 책쓰기의 시작인 것이다.

그렇게 시작한 책쓰기는 그의 인생을 새롭게 창조했다. '섬진강 시인'이라는 새로운 삶이 창조되었다.

많은 작가에게 '왜 글을 쓰는가?'라고 질문을 하면, 어떤 대답을 할까? 물론 작가마다 다를 수 있지만, 궁극적인 대답은 이것으로 수렴할지도 모른다.

새로운 세계를 향한 갈망, 새로운 삶의 창조에 대한 욕구일 것이다. 매일 되풀이 되는 일상을 살면서, 당신은 스스로 지쳐 버린 적이 없는가? 아무 이유도 없이 불만과 불평, 후회와 한탄이 나온 적은 없는가? 우리를 무너뜨리는 것은 엄청난 사건이 아니라, 매일 되풀이되는 무의미한 일상인지도 모른다. 당신에게는 그 어떤 대비책이 있는가? 나이가 들수록 이런 위기는 더 심해지고, 자신도 모르는 사이에 가랑비에 옷이 젖는 것처럼, 이미 지쳐 버린 후에는 회복되기가 힘들고, 그저 무기력하게 살아야 한다.

책쓰기는 한 마디로 생명력이다. 거친 물살을 가로지르며 날아오르는 힘찬 연어의 생명력을 아는가? 책을 쓴다는 것은 인생이라는 거친 물살을 가로지르며 힘차게 날아올라 새로운 삶을 창조하는 행위다.

책을 쓰게 되면, 우리는 세상과 타인 속에 숨어있는 의미와 원리를 간파해 내는 칼을 가지게 된다. 책을 쓰면 쓸수록 우리는 그 칼을 날카롭게 만들 수 있다. 그렇게 날카롭게 만들어진 칼은 결국 어제의 비루한 나의 삶을 단번에 절단하고, 새로운 눈부신 삶을 만들 수 있는 길을 만들어 준다. 비루하고 못 난 과거라는 수많은 수풀을 너무나도 쉽게 베어 버릴 수 있고, 새로운 길을 활짝 열어 줄 수 있는 강력한 무기가 생기게 된다.

이것은 우리의 사고도 될 수 있고, 세상을 바라보는 눈도 될 수 있고, 의식도 될 수 있다. 표현만 다를 뿐이지 다 같은 의미이다.

제3장

혼란의 시대, 책쓰기만큼 강력한 도구가 필요하다

인생을 바꾸는 것은 읽기뿐만 아니라 쓰기도 마찬가지다.
오히려 책쓰기는 읽기보다 열 배 더 강하다.

그러므로 책 읽기가 나를 성장시켰다면,
책쓰기는 내 인생을 송두리째 바꾸었다고 자신 있게 말할 수 있다.

《김병완의 책쓰기 혁명》 중에서

답이 없는 시대,
무엇으로 살아낼 것인가?

> 단선적인 삶을 살면서 충족감을 느끼는 사람은 없다.
> 사람은 애당초 그렇게 생겨나지 않았다. 우리는 너무나 복잡
> 하다.
> 충족감을 얻는 열쇠는 조화로운 삶의 주요소인 목적, 건강, 관
> 계를 일상에 통합시킨 다음 열정을 따라 움직이는 것이다.
>
> 《인생 치유》, 댄 베이커 외 1명, 335쪽

답이 없는 시대다. 인류는 한 번도 경험하지 못 한 코로나라는 새
롭고 낯설고 무서운 팬데믹을 힘겹게 건너 왔다. 이제 한 숨 돌릴 것

같았지만, 지구촌 곳곳에서는 전쟁과 재난 소식이 하루가 멀다 하고 끊이지 않는 혼돈의 시대다. 과연 어떤 삶을 살아야 할까? 답이 없는 시대, 혼란의 시대에 우리는 어떻게 무엇으로 살아낼 것인가?

어제와 같은 강물에 두 번 발을 담글 수는 없다. 어제와 같은 삶은 절대 두 번 다시 돌아오지 않는다. 새로운 인생 문제는 끊임없이 발생한다. 물론 과거 그 어떤 왕이나 귀족보다 더 많은 것을 누리는 시대이기도 하다. 얻는 것이 있으면 잃는 것도 있다. 우리가 잃어버린 것은 바로 안정이다. 지금처럼 세상이 혼란스러운 적이 없었다. 마스크를 쓰고 살아야 하고, 목욕탕이나 사우나에 마음 편하게 갈 수 없는 시대를 경험했다. 친구들과 함께 마음 편하게 만나서 식사도 할 수 없는 시대, 해외여행은 꿈도 꿀 수 없는 그런 암울한 시대를 우리는 경험했다.

하늘이 무너져도 솟아날 구멍은 있다. 우리는 시대가 급변하고 있고, 답이 없는 시대로 치닫고 있어도, 여전히 행복하게 성공하며 살아낼 수 있는 구멍은 늘 존재한다. 과거 수 천 년 전에 기록을 보면, 그때나 지금이나 비관적인 사람은 늘 비관하면서 삶을 살았고, 낙천적인 사람은 늘 낙관하면서 살았다. 선택은 우리의 몫이다. 당신은 어떤 삶을 선택할 것인가?

인생은 하나의 바다다. 강인한 의지와 행동력을 가진 사람만이 그 바다를 건너 목표로 하는 도착지에 갈 수 있다. 감정을 다스릴 줄 모르는 사람은 중도에 포기하거나 너무 많은 에너지를 헛되이 낭비하여 결국 목표지에 도착할 수 없게 된다. 인생을 살면서 성공하는 비결은 자기 자신을 얼마나 통제할 수 있느냐, 즉 자기 삶의 통제권과 결정권을 얼마나 가지고 있느냐에 달렸다.

당신은 이런 자기관리 능력이 출중한가? 타인보다 더 자제력이 강한가? 감정의 소용돌이에 휘말리지 않는 가? 욕망에 사로잡히지 않는가? 답이 없는 시대, 헛짓거리는 이제 그만 해야 한다 가장 큰 문제는 바로 자신이다. 그리고 해결책도 물론 당신 자신이다.

인생 최악의 순간인가? 더는 비빌 언덕도, 희망도 없는가? 좌절과 실패로 허덕이고 있는가? 그렇다면 이 모든 것을 돌파할 수 있는 강력한 돌파구인 책쓰기를 시작하면 된다. 더는 어제까지의 과거에 연연하지 마라.

책쓰기를 시작하는 순간, 새로운 사람이 된다. 책쓰기의 유일무이한 최대의 장점은 책을 쓰는 사람이 변화되고 달라지고 성장하고 도약한다는 점이다. 이것은 결국 인생 최고의 성공 비결은 책쓰기라는 말이다.

살다 보면 위기의 순간은 늘 계속해서 찾아온다. 이런 위기의 순간에, 어떤 선택을 하고, 어떤 행동을 하느냐에 따라 그 결과는 판이하다. 인생은 어떤 의미에서 선택의 결과물이다. 그래서 선택을 좀 더 잘하는 사람이 더 성공할 수 있는 것이다. 당신의 선택 능력은 탁월한가?

무엇이 우리의 선택 능력, 판단 능력, 결정력을 좌우하는 것일까? 몇 가지 힌트는 있다. 독서를 많이 하는 사람은 판단 능력이 뛰어나다. 다양한 독서를 통해 생각이 넓고 깊어졌기 때문이다. 그리고 독서보다 더 생각을 깊게 만들고 넓게 만드는 것이 있다면 바로 책쓰기다.

책쓰기는 왜 독서보다 더 인간의 사고력을 향상하게 시킬까? 독서는 이미 누군가가 만들어 놓은 길을 그대로 가면 된다. 누군가가 이미 고민하고 해결책을 만들어 놓았다.

책쓰기는 해답이 없는 질문에 해결책을 찾아가는 과정이다. 없는 길을 만들어야 하고, 막힌 벽을 뚫어야 하는 과정이 책을 쓰는 과정이다. 이런 과정을 통해 책을 쓰는 작가는 독자들보다 더 사고력이 훈련되는 것이다. 다른 말로 하자면, 상대적으로 쉽고 편한 훈련을 하는 일반 군인과 지옥 훈련을 하는 빡센 특전사의 차이와 같다. 전투력은 당연히 특전사가 압도적으로 강하다.

답이 없는 시대이기 때문에 때로는 벽을 뚫어야 하고, 없는 길도 새로 만들어야 한다. 시대가 급변하면서 벽을 뚫고, 없는 길을 새로 개척한 대표적인 사례가 메신저, 1인 기업가, 코칭, 강연 시장이다. 과거에는 이런 시장 자체가 없었다. 하지만 지금은 강의, 온라인 프로그램 제공, 워크숍, 컨설팅 등의 직업이 인기가 높다.

불과 10년 전에는 없었던 새로운 직종이 모두 없는 길을 개척한 경우다. 새롭게 생긴 직업은 대부분 인기가 높다. 보수도 높고, 재미있고 흥미로운 일인 경우가 많기 때문이다. 지루한 직장 생활에 비하면 훨씬 더 극적이고 재미있고, 흥미진진하다.

어쩌다 어른이 된 당신에게
가장 필요한 것!

'인생은 호락호락하지 않아! 너무 힘들고 어려워! 사는 것이 왜 이리 내 뜻대로 되지 않지! 다른 사람은 잘 되는데, 왜 내 인생만 엉망이지! 문제는 뭘까? 나는 왜 이렇게 운이 없지?'

이런 푸념과 불평, 불만만 늘어놓는, 어쩌다 어른이 되어 자기 앞가림도 못 하는 못난 어른이 되었다면, 당신에게 가장 필요한 것은 평생 당신을 괴롭히고 못살게 구는 인생의 사슬을 끊는 것이다.

알게 모르게, 당신의 몸에는 보이지 않는 인생의 사슬이 있다. 가장 위험한 존재는 타인이 아니라 자기 자신이다. 우리가 가장 조심해야 할 존재는 바로 나 자신이다. 게으르고 무능한 나 자신 말이다. 우유부단하고, 무엇을 해야 할지 모르고 갈팡질팡하는 나 자신이다.

부침이 심한 인생길에서 어쩌다 어른이 된 당신이 요동치지 않고 중심을 잡고 나아갈 수 있게 해 주는 강력한 무엇인가가 필요하다. 정치인에게는 그 무엇과도 바꿀 수 없는 소신이 있어야 하고, 군인에게는 생명보다 더 중요시하는 명예가 있어야 한다. 당신에게는 무엇이 있는가?

당신을 붙잡아 줄 무엇인가가 당신 인생에 있는가?

없다면, 무기를 만들어야 한다. 강력한 무기 말이다. 당신의 인생을 역전시켜 줄, 당신을 성장시켜 줄 무기 말이다.

러시아의 대문호 도스토예프스키는 이런 말을 했다.

"인간은 행복하다는 사실을 몰라서 불행하다."

필자는 이 말을 이렇게 바꾸어 당신에게 말하고 싶다.

"당신은 자신이 능력자 혹은 비범한 존재라는 사실을 깨닫지 못해서 실패자로, 아니면 평범하게 살아가고 있다."

어쩌다 어른이 된 당신은 자신이 얼마나 능력자이고 비범한 존재인지 먼저 깨달아야 한다. 자신의 내면에 잠자고 있는 천재성을 깨워야 한다. 그렇기 위해 가장 먼저 필요한 것은 내면의 가치를 볼 수 있는 눈, 즉 통찰력이다. 다른 말로 하면 자아 성찰이기도 하다.

세상에 이미 노출되고 규정된, 실패만 하고, 무능한 자신의 모습이 아니라, 아직 한 번도 세상에 노출된 적이 없는 잠자고 있는 자신의 천재성, 능력자의 모습을 볼 수 있어야 한다. 그렇게 보기 위해서 먼저 통찰력을 키워야 하고, 자아 성찰을 해야 한다. 어떻게?

그 방법이 바로 책쓰기다. 책을 쓰면 끊임없이 자신과 세상을 통찰하게 되고, 사색하게 되고, 성찰하게 된다. 책쓰기가 가져다 주는 유익함 중의 하나는 세상과 다르게 세상을 보는 눈이 생긴다는 것이다. 남과 다르게 세상을 보고, 남과 다르게 생각하는 힘은 정말 어마어마한 능력이며 무기이며 습관이다.

남과 다르게 세상과 타인과 자신을 볼 수 있는 눈, 남과 다른 생각을 하는 힘, 이것이 정말 중요하다. 그런데 어쩌다 어른이 된 사람들에게는 이런 힘이 없고, 눈이 없다. 책쓰기는 이런 눈과 힘을 길러 주는 가장 쉽고 빠른 길이다. 가장 효과적인 도구이다.

당신의 인생은 당신이 스스로 결정해야 한다. 어차피 타인이 대신 살아주는 것은 아니다. 타인의 발자국을 따라가면, 결국 자신의 발자국은 그 어디에서도 찾을 수 없다. 어른의 인생은 스스로 책임을 져야 한다. 당신을 더 위대하고, 더 멋진 사람으로 만들어 줄 수 있는 유일한 존재는 바로 당신 자신이다.

당신 자신을 스스로 도약시키고 발전시켜야 한다. 어쩌다 어른이 된 당신은 더는 징징거려서는 안 된다. 타인에게 당신도 세상이기 때문이다. 세상에 휘둘리지 않고, 타인에게 휘둘리지 않고 스스로 자신을 지키며 살아가야 한다.

이런 상황에서 당신을 스스로 성장시킬 수 있는 것, 스스로 행복하게 해 주는 것, 스스로 성공의 길로 인도하는 것, 스스로 책임지는 삶을 사는 것, 스스로 위대한 삶을 창조하는 것, 세상에 더는 휘둘리지 않는 것이 가능하게 해 주는 것은 강력한 성장과 성공 도구인 책쓰기뿐이다.

어쩌다 어른이 된 당신에게 가장 필요한 것은 강력한 자제력과 스스로를 얼마나 잘 도약시킬 수 있느냐 하는 성장력이다. 이 모든 것이 가능하기 위해서는 인간은 먼저 자신의 내면을 정복해야 한다. 자신의 삶에 주인으로 살 수 있는 사람만이 자신을 넘어서서 성공적인 삶을 살아낼 수 있다.

우리는 모두 성공적인 삶을 희망한다. 행복하고 부유한 삶을 꿈꾸면서도 무기력과 타성에 젖어, 자신을 절제하지 못하고, 통제하지 못해, 노예처럼 살아가는 삶, 세상과 타인에 이끌려서 살아가는 삶을 살아가고 있다. 무기력하고, 소극적이며, 나태하고, 어리석은 자신과 결별을 선언해야 한다. 불만과 불평을 그만두고, 부정과 의심으로 가득 찬 생각을 버리고, 긍정적이고 적극적이고 담대하고 감사와 기쁨이 넘치는 일상을 살아야 한다. 그것이 우리의 진짜 모습이다.

이렇게 되기 위해서는 이전과 다른 강력한 도구, 기술, 습관이 필요하다. 이 모든 것을 아우를 수 있는 것이 있다면 책쓰기가 아닐까? 책쓰기는 도구이며, 기술이며, 좋은 유익한 습관이다.

콘텐츠 소비자에서
생산자가 되는 길이다

당신은 콘텐츠 소비자로 머물 것인가? 아니면 콘텐츠 생산자로 도약할 것인가? 어떤 삶을 선택해도 당신의 결정이다. 하지만 그 결과는 상당히 다르다. 후자를 선택한 사람은 의미 있는 삶과 물질적인 만족, 두 가지를 모두 누릴 수 있다.

나는 콘텐츠를 생산할 정도로 전문가도 아니고, 지식이나 내공도, 경험도 많지 않다고? 반문하는 독자가 있다면, 당신의 그 생각이 100% 옳다고, 그것이 진리이고 사실이라고 주장할 수 있는가?

전문가가 아니고, 지식이나 내공도, 그 어떤 성공 경험도 없었던 이들이 책쓰기를 통해 콘텐츠 생산자로 도약하여, 눈부신 인생을 살게 되는 경우를 비일비재하게 두 눈으로 목격했기 때문이다. 필자도 물론 이런 사람들 중의 한 명에 불과하지만 말이다.

한 번뿐인 인생, 노동자로 머물 것인가? 창조자로 도약할 것인가? 창조자가 되고 싶지만, 내게는 기술도 없고, 방법도 모른다고 지레짐작으로 포기하는 사람이 대부분이다. 하지만 뜻이 있는 곳에 길이 있다고 했다. 당신이 선택하고 결단하는 순간 새로운 길과 없던 방법이 보이고 생긴다는 사실을 잊어서는 안 된다.

서울에서 부산 해운대로 자동차로 운전을 해서 갈 때, 중요한 것은 당신의 선택과 결정이다. 가고자 결정만 하면, 자동차 내비게이션이 방향과 길을 알려 준다. 한 가지 명심해야 할 것은 우리가 그 길을 전부 처음부터 끝까지 다 알아야 하고, 암기해야 하는 것은 절대 아니다. 그저 지금 직진할 것인지, 우회전할 것인지만 신경 쓰면 된다. 그렇게 하다 보면 몇 시간 후에는 해운대 바다가 눈 앞에 펼쳐질 것이다.

인생도 그렇다. 선택하고 결단하는 것이 사실 가장 중요하다. 물론 중간에 포기하는 것도 조심해야 하지만 말이다. 시작이 반이라고 하는 말이 괜히 있는 것이 아니다.

평범한 사람이 내공이나 경험도 전혀 없는 사람이 생산자가 되는 가장 쉬운 길은 무엇일까? 필자가 생각하기에는 책쓰기다. 책쓰기는 당신을 생산자로, 창조자로 발전시켜 준다. 책쓰기는 당신을 메신저로 만들어 준다.

생산자와 소비자의 가장 큰 차이는 의미와 가치이다. 소비자는 그저 타인이 만든 콘텐츠를 읽고 시청하고 사용하는 사람이다. 하지만 생산자는 타인이 읽거나 시청할 콘텐츠를 만드는 사람이다. 타인에게 용기와 감동을 줄 수 있고, 삶에 유익한 지혜와 지식, 경험과 조언을 해 줄 수 있고, 누군가가 성공하고 더 나은 인생을 살도록 조언하고, 고민을 해결할 수 있는 아이디어와 해결책을 제시할 수 있다.

스스로 먹고사는 문제도 해결할 뿐만 아니라 타인의 삶에 도움을 준다는 측면에서 의미와 가치가 있는 인생이 된다. 이 모든 것이 한 권의 책으로 시작된다. 그런 점에서 한 권의 책은 씨앗이고 마중물이 되는 것이다.

한 권의 책을 쓰는 생산자가 되면, 그 책을 통해 더 쉽게 메신저도 될 수 있고, 코치나 컨설턴트도 될 수 있다. 심지어 그 책을 통해 강연, 워크숍, 온라인 교육 및 프로그램도 제공할 수 있다.

우리는 왜 소비자에서 생산자가 되어야 할까? 그것은 세상이 많이 바뀌었기 때문이다. 과거에는 세상이 천천히 변했고, 소비자의 위치에서도 먹고 사는 데 지장이 없었다. 소비자의 위치에서도 부자가 되고 성공하는 사람이 많았다. 하지만 지금은 다르다. 성공하고 부자가 되는 사람은 모두 생산자이다. 그렇다면 성공에 대한 욕심이 없는 사람은 생산자가 되지 않아도 될까? 아니다. 지금도 이미 그렇지만, 앞으로는 더 심해진다. 생산자만이 살아남는 시대 말이다.

당신이 어디에 있든 마우스 클릭 몇 번으로 웬만한 일을 다 해결할 수 있는 시대다. 직원 두세 명으로 큰돈을 벌 수 있는 시대다. 모든 것을 아웃소싱하는 시대다. 예전보다 우리는 훨씬 더 평평한 세상에 살고 있고, 프리 에이전트의 세상에 살고 있다. 그러므로 더는 소비자로만 머물 수는 없다. 당신도 생산자가 되어야 한다. 극단적으로 말하자면, 생산자가 되는 길이 성공하고 성장하는 빠른 길이고, 행복해지는 몇 안 되는 길 중 하나다.

성공과 행복으로 갈 수 있는
확실한 도구다

책쓰기를 통해 한 권의 저자가 되는 순간, 당신이 할 수 있는 일은 무궁무진하게 확장된다. 이것이 책쓰기가 성공과 행복의 확실한 도구인 이유다.

당신에게 인생이 버겁다면, 비빌 언덕도 없다면, 하는 일마다 실패한다면, 그것은 인생을 좀먹는 무서운 괴물이 당신 안에 있기 때문이다. 그 괴물을 어떻게 몰아낼 것인가? 원하는 인생을 살고 싶다면, 그 괴물을 몰아내야 한다.

필자는 무기력, 우울증, 자포자기, 체념, 분노, 슬픔이라는 괴물을 몰아냈다. 결정적인 계기는 바로 책쓰기였다. 책쓰기가 내 안에 있던 괴물을 물리쳐 준 것이다.

'나는 오늘부터 무기력의 지옥에서 빠져나갈 것이다.'

라고 아무리 외쳐도, 절대로 빠져나올 수 없었다. 무기력은 학습되고, 갈수록 힘센 괴물이 되기 때문이다.

미국의 심리학자 마틴 셀리그만은 이런 사실을 발견한 학자다. '학습된 무기력'은 너무나 무섭고 위협적이다. 야생 쥐는 물에 빠지면, 60시간 동안 헤엄을 칠 수 있다. 하지만 아무리 헤엄을 쳐도 안 된다는 절망과 무기력을 학습한 쥐는 물에 빠지면, 몇 시간을 버틸 수 있을까?

놀랍게도 30분밖에 버티지 못한다. 나는 할 수 없다는 생각, 학습된 무기력은 한 사람의 인생을 망가뜨리기에 너무나 충분한 존재다.

무기력이 심해지면, 아침에 눈을 뜨는 것이 너무나 두렵고 힘든 경험이 된다. 저녁에는 잠을 자는 것도 너무나 두렵고 힘들다. 그래서 잠들지 않으려고 매일 새벽 4시나 5시까지 버티다가 잠이 들고, 다음날에는 해가 중천에 뜨는 정오가 훨씬 지나야 잠자리에서 일어난다. 이런 폐인의 생활을 1년 넘게 했다.

그러다가 나를 회복시켜주고, 다시 성공할 수 있는 길로 인도해 준 것은 다름 아닌 책쓰기였다. 책쓰기를 시작하자마자 삶에 활력이 되

살아났고, 에너지가 넘치는 일상을 맞이하게 되었다. 덕분에 두세 권의 책을 쓸 수 있었고, 곧 출간도 할 수 있게 되었다.

책쓰기를 통해 내 인생이 극적으로 바뀌는 경험은 이번이 처음이 아니다. 10년 전에도 경험한 일이었다. 10년 전, 도서관에서 온종일 책만 읽는 백수, 무직자였던 필자에게 책쓰기는 기적과 같은 인생 역전 경험을 선사해 주었다.

필자는 책을 쓰고 나서, 생각도 못한 일이지만, 전국 관공서와 도서관, 기업체에서 독서법 특강 요청이 쇄도하는 것을 경험하고 놀란 적이 있었다.

독서법을 강의하는 강사가 될 생각은 추호도 없었다. 이런 생각은 해 본 적도 없었다. 내향적인 성격으로, 조용한 스타일이라서, 대중들 앞에 선다는 것은 그 자체로 힘들고 어려운 일이었다.

학창시절 가장 싫어했던 것이 친구들 앞에서 발표하거나, 책을 소리 내 읽는 것이었다. 무조건 앞에 나가서 말하는 것을 죽기보다 더 싫어했다. 그런데 책이 출간되자마자, 강의 요청이 쇄도했고, 더 놀라운 사실은 대중 앞에서 연설하고 강의하는 것을 죽기보다 더 싫어했던 필자가 달라졌다는 점이다.

그렇게 내향적이고 조용한 타입의 필자가 저자 강연회나 독서법 특강 요청이 오면, 즐겁고 기뻤다는 사실이다. 실제로 대중 앞에서 특강을 하고, 저자 강연회를 할 때도, 하나도 떨리지 않고, 오히려 그 순간을 즐기고 있는 자신을 발견했다.

이 모든 변화와 성장은 결국 책쓰기가 가져다준 결과였다. 솔직하게 털어놓자면, 책쓰기를 하지 않고, 지금까지 미친 듯이 독서만 했다면, 장담하건대 성공하지 못했을 것이다. 성공하지 못했다면, 경제적으로 궁핍한 생활을 했다면, 자녀들을 제대로 잘 키우지 못했을 것이고, 자녀들이 좋은 환경에서 교육도 받지 못했을 것이다.

부모 관점에서 이것보다 더 가슴 아픈 것은 없을 것이다. 결국, 불행한 삶이 될 것은 불을 보듯 뻔한 일이지 않은가? 경제적으로 자유롭고 풍요로워야 수준 높은 행복도 따라오고, 오랫동안 유지될 수 있다.

행복하기 위해 건강도 필요하다. 하지만 건강하기만 하다고 해서 무조건 행복한 것은 아니다. 아무리 돈이 많은 부자라도, 아픈 곳이 하나도 없는 사람이라도, 마음에 상처와 아픔이 있는 사람은 행복할 수 없다.

살다 보면 누구나 상처를 입게 되고 슬픔과 아픔이 있는 데, 어떻게 하면 좋을까? 상처와 아픔, 슬픔과 고통은 누구에게나 있지만, 그것을 그때그때 치유하고 회복시켜주는 행위가 필요하다. 앞에서도 이야기했지만, 책쓰기는 우리에게 치유와 회복을 주고, 삶의 위안도 준다는 점을 이미 이야기했다.

성공할 수 있게도 해 주고, 행복한 삶을 살 수 있게도 해 주는, 성공과 행복으로 갈 수 있는 확실한 도구인 책쓰기를 지금까지 하지 않았다면, 이제 때가 되었다.

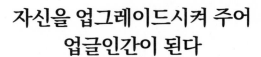

자신을 업그레이드시켜 주어
업글인간이 된다

전문가가 책을 쓰는 것이 아니다. 책을 쓰면 전문가가 되는 것
이다.

성공한 사람이 책을 쓰는 것이 아니다. 책을 쓰면 성공한 사람
이 되는 것이다.

자신을 넘어선 사람이 책을 쓰는 것이 아니다. 책을 쓰는 사람
이 자신을 넘어서는 것이다.

《김병완의 책쓰기 혁명》 중에서

그렇다. 언제까지, 당신은 읽기만 하는 독자에 머물 것인가? 당신

도 충분히 작가로 업그레이드할 수 있다. 독서보다 10배 더 강력한 업그레이드 도구가 바로 책쓰기다. 당신 안에 잠든 책쓰기 잠재력을 깨워라. 전문가만이, 성공한 사람만이, 똑똑한 지식인들만이, 문장력이 뛰어난 문필가만이 책을 쓰는 시대는 이미 사라졌다. 이제는 누구나 책을 쓰는 책쓰기 대중화 시대다.

책쓰기는 천하의 공물이다. 누구나 할 수 있고, 해야 하는 것이 되었다. 세상이 급변하고 있다. 신조어가 많이 눈에 띈다. 그중에서 가장 필자의 눈을 사로잡는 신조어가 하나 있다. 바로 업글인간이라는 말이다.

업글인간의 사전적 의미는 '성공보다는 성장을 추구하는 자기계발형 사람'을 의미한다. 일단 성공보다 성장을 추구하는 사람이라는 점에서 마음에 든다. 성공을 추구하는 사람보다는 성장을 추구하는 사람이 더 낫다. 인생은 길기 때문이다. 일 이년 반짝 성공하고 그 후로는 몰락을 하고, 도박 중독자가 되거나 알코올 중독자가 되거나, 사기꾼이 되어 범죄자가 되는 사람이 한두 명이 아니다.

성공보다 성장을 중요시하는 사람은 이런 함정에 걸리지 않는다. 성장을 중요시하는 사람은 오히려 더 성공적인 인생을 살게 된다. 이런 측면에서 업글인간이 되는 것이 중요하다. 업글인간은 인생은 효율적으로 살아낼 수 있다. 하지만 한순간의 성공으로 자만하게 되거나, 마음이 높아진 사람은 인생을 탕진하게 되고, 낭비하게 되는 경향이 많다.

당신이 직장인이든, 정치인이든, 교사나 교수든, 의사나 변호사든, 회계사나 공무원이든 상관없다. 성공을 추구하기 이전에 성장을 먼저 중요시하는 업글인간이 되어야 한다. 업글인간은 지속적인 성공을 할 수 있다. 업글인간은 지금보다 시간이 흐르고 갈수록 더 나은 성공을 경험하게 된다. 세상은 정확하기 때문이다.

실력과 내공도 없이, 편법으로 성공한 사람은 시간이 흐르고, 갈수록 괴롭다. 자신의 성공이 요행이나 편법으로 인해 만들어진 가짜라는 것이 세상에 드러나기 때문이다. 하지만 업글인간은 정반대다. 지금은 아무도 알아주지 않지만, 지금은 그 어떤 눈부신 성공도 없지만, 세월이 흐를수록, 시간이 지날수록 점점 더 세상은 당신을 인정해 주고, 성공은 쌓여가기 때문이다.

책쓰기는 자신을 업글인간이 되게 해 줄 뿐만 아니라 인생의 주인으로 살아갈 수 있게 해 준다. 책쓰기를 하는 사람과 하지 않는 사람의 격차는 무엇일까? 아무리 성공하고, 유명하고, 부자라고 해도, 예외는 없다. 책쓰기를 하는 사람은 그 행위를 통해 자기 자신을 발견하고, 드높이고, 성장시켜 나갈 뿐만 아니라, 지속적인 업그레이드를 통해서 결국, 새로운 자신, 새로운 인생, 새로운 기회, 새로운 세상, 새로운 사고를 만들어낸다. 이것보다 더 위대한 일이 또 있을까?

새로운 기회와 세상, 새로운 사고와 사상을 만들어내기 위해서는 먼저 자신이 업글인간이 되어야 한다. 끊임없이 공부하고 성장하고 발전시켜야 한다는 전제 조건을 무시해서는 안 된다. 그런데 왜 많은 사람이 책쓰기를 했음에도 인생이 바뀌지 않고, 도무지 성장과 발전은 그 어디에서도 만나지 못 하는 것일까?

그것은 책쓰기의 임계점을 돌파하지 않았기 때문이다. 물도 끓기 위해서는 임계점을 돌파해야 하고, 초등학교도 졸업하기 위해서는 6년의 기간이 필요하다. 하물며 인생을 바꾸고, 인간을 업그레이드시켜 주는 책쓰기는 오죽하겠는가?

자신을 업그레이드시켜 주는 임계점을 돌파하기 위해 반드시 거쳐야 하는 하나의 지점, 하나의 순간이 있다. 그것은 바로 '러너스 하이'라는 순간이다. 운동장에 나가서 달리기하면, 모든 사람에게 공통적인 순간이 찾아온다. 이 순간은 달리기한 후 30분 정도가 지났을 때 찾아온다.

숨이 너무 가빠지고, 아주 심한 고통을 느끼는 순간이 어김없이 찾아온다. 하지만 이 순간에 달리기를 멈추고 포기하는 사람은 진정한 달리기 마니아가 될 수 없다. 달리기 마니아들은 바로 이 극심한 고통의 순간이 찾아오면 너무나 기뻐서 열광한다. 왜냐하면, 이 순간 직후에 말할 수 없는 쾌감인 '러너스 하이'를 경험하게 되기 때문이다. 이 용어는 캘리포니아 대학교 심리학자인 아놀드 J. 맨델이 처음으로 소개했다.

인생에는 공짜 점심은 없다. 고진감래라는 말을 잊어서는 안 된다. 요행이나 편법으로 대박을 바라는 마음은 결국 패가망신하게 된다. 가상화폐가 연일 핫 이슈다. 하지만 비트코인을 비롯한 알트코인에 빚투('빚내서 투자를 한다'를 줄인 말)를 하거나 영끌('영혼까지 끌어모으다'를 줄인 말)까지 해서 대출을 받고, 무리하게 투자를 한다.

투자하는 것이 잘못된 것은 아니다. 하지만 대박을 바라고, 자신이 여유 자금이나 충분히 감당할 돈이 없음에도, 다른 사람이 큰 수익을 내는 것을 보고, 빚을 내거나, 과도한 대출까지 받아서 투자하는 것은 바람직하지 못하다.

세상은 그렇게 호락호락하지 않다. 세상은 오히려 고진감래다. 남들보다 더 많이 노력하고 힘든 시기를 이겨낸 사람이 진짜 성공을 경험하게 된다. '러너스 하이'는 이런 세상의 이치를 잘 보여준다. 가장 힘들고 고통스러운 순간에 달리기를 포기하는 사람은 최고의 순간인 러너스 하이를 경험하지 못한다. 인생 최고의 기쁨과 희열은 가장 힘든 시기를 이겨낸 사람만이 경험할 수 있다. 그것이 바로 세상 이치다.

극심한 고통의 순간을 이겨내고 묵묵히 달리기하는 사람은 그 순간을 넘기게 되자마자 몸이 가벼워지면서 하늘을 나는 것처럼 황홀한 순간, 짜릿한 최고의 순간을 맞이하게 된다. 책쓰기는 왜 누군가에게는 극심한 고통이며 스트레스인데, 또 누군가에게는 최고의 기쁨이며, 즐거움일까? 그 이유는 바로 이런 러너스 하이를 경험하는 지점까지 온 사람과 그 직전에서 멈춘 사람의 차이가 존재하기 때문이다.

평생 배우고 자신을 업그레이드시켜 주는 사람만큼 현명한 것도 없다. 이런 사람의 장래는 너무나 밝고, 눈부시다. 러너스 하이를 경험하는 순간, 기분이 좋아지고, 몸의 피로가 사라지고, 없던 힘까지 새롭게 생기고, 주변은 아름다워지고, 시야는 밝아진다. 한 마디로

기가 막힌 순간을 경험하게 된다. 책쓰기도 이와 마찬가지다. 당신이 러너스 하이 지점까지 책쓰기를 포기하지 않는다면, 멈추지 않는다면, 당신도 이와 같은 짜릿함을, 세상에서 분리된 것 같은 무아지경의 상태를 경험할 수 있게 될 것이다.

조금 더 효과적으로 부자가 되게 해 주는 것은 있다.
돈도 없고, 빽도 없는 사람은 성공하기 힘들다.
세상이 그렇다.
세상은 항상 불공평했다.
지금도 그렇고, 내일도 그럴 것이다.
하지만 희망은 있다.
돈도 없고, 빽도 없는 사람도 성공할 수 있는 분야가 있다.
바로 책쓰기다.

《48분 기적의 책쓰기》 중에서

제 2 부

독서 내공이 없는 사람도 책쓰기 고수가 될 수 있는 10가지 방법

제4장

독서 내공이 없는 사람이
책을 쉽게 쓰는 5가지 방법

책쓰기를 하면 남들보다 더 통합적으로, 더 면밀하게,
더 구체적으로, 더 치밀하게 사고할 수 있고, 분석할 수 있고,
기록할 수 있고, 창조할 수 있고, 연결할 수 있다.

책쓰기를 하지 않고 전문가가 되는 길은 멀고도 험하다.
시간도 10년 이상이 필요하다. 시간만 필요한 것이 아니라,
경제적 사회적 뒷받침도 필요하다. 그래서 전문가가 되는 것이 어려운 것이다.
그런데 책쓰기를 하면 상대적으로 그 길이 쉽고 편하다.
한 마디로 책쓰기는 전문가가 되는 지름길이다.

《48분 기적의 책쓰기》 중에서

심리적 기술적 부담감을
극복하라

바야흐로 책쓰기 대중화 시대다. 이제 너나 나나 할 것 없이 책쓰기를 하는 시대가 되었다. 앞으로 멀지 않아 명함 대신 저서를 내밀어야 할지도 모른다. 이런 시대에 발맞추어 나온 《강원국의 글쓰기》란 책을 보면 재미있는 구절이 나온다.

이제 당신도 심리적 부담감을 극복하고 책쓰기에 도전할 수 있게 해 주는 말이다.

> 책을 쓰고 싶다는 후배를 만났다. 회사 다니는 노력의 3분의 1
> 만 들이면 가능하다고 말해줬다. 실제로 그렇다. 회사에서 하

루 9시간 가까이 일하지 않는가. 하루 3시간씩 1년만 투자하면 책을 쓸 수 있다. 회사 다니면서 상사 눈치 보고 상사에게 잘 보이기 위해 노력하지 않는가. 상사 모시듯이 독자를 대하면 인기도서 작가도 될 수 있다. 회사 발전을 위해 물불 안 가리고 동분서주하지 않는가. 회사에 충성하듯 정성 들여 글을 쓰면 천하의 명문을 쓰고도 남는다.

강원국, 《강원국의 글쓰기》, 339쪽

약간 우스갯소리지만, 시사하는 바가 적지 않다. 직장 생활은 그렇게 힘들고 어려워도 수십 년을 회사에서 안 잘리고 버티는 친구가 있다. 삼성전자를 필자보다 더 먼저 입사했는데, 아직도 삼성전자에 다니고 있다. 필자의 눈으로 보면, 슈퍼맨이다.

그 힘들고 어려운 길을 아직도 꿋꿋하게 가고 있으니 말이다. 이렇게 힘들고 어려운 일을 20년 이상 해낸 친구가 책쓰기에 도전하면, 절대 실패할 수 없다. 알고 보면 책쓰기가 그렇게 어렵고 힘들고 아무나 못 하는 것이 아니기 때문이다.

많은 사람이 책쓰기에 도전하지 못 하는 가장 큰 이유는 심리적 부담감 때문이다. "내가 책을 쓰면 누가 읽어줄까?" "내가 쓴 책을 보고 누가 형편없다고 욕을 하면 어떻게 될까?" "나는 문장력이 제로인데 책을 쓸 수 있을까?" "도대체 무슨 주제로 어떤 이야기를 책으로 써야 할까?" "나는 내공도 지식도 없는 데, 책을 쓸 수 있을까?"

책쓰기의 8할은 자신감이다. 담대하고 자신감이 넘친 사람이 결국 승자가 되고, 작가가 되는 것이다. 세상일이 다 그렇다. 할 수 없다고 생각하는 사람은 실제로 할 수 없다. 하지만 당신이 했으니, 나도 할 수 있다고 생각하는 사람은 그 생각대로 된다.

책쓰기에 대해서 정확히 알고 있는 사람은 일반인일까? 책을 많이 써 본 작가일까? 물론 책을 써 본 경험이 있는 작가다. 그렇다면, 책을 써 본 경험만 있는 작가와 책쓰기를 실제로 타인에게 가르쳐 본 경험도 있는 책쓰기 코치 중에 누가 더 정확히 알고 있을까? 이런 경우는 두 사람 다 나름대로 책쓰기가 무엇인지 정확히 알고 있을 것이다. 하지만 이 두 가지를 모두 해 본 사람이 하나만 경험한 사람보다는 더 통합적으로 종합적으로 책쓰기가 무엇인지를 더 정확히 알고 있을 것이다.

책도 많이 써 보고, 베스트셀러도 많이 탄생시킨 작가이면서 동시에 수백 명에게 실제로 책쓰기를 가르쳐 본 경험이 있는 책쓰기 코치는 흔하지 않다.

책쓰기는 자전거 타기처럼 하나의 기술이다. 그리고 희소식이 있다. 책쓰기가 그렇게 어렵고 힘들고 난해한 기술이 아니기 때문에, 약간만 배우면 누구나 책을 쓸 수 있다는 점이다. 이미 당신은 책쓰기를 잘할 수 있는 가장 중요한 기술을 가지고 있다. 그것은 바로 글자를 읽고 쓸 수 있는 능력이다.

더 좋은 소식이 있다. 책쓰기도 많이 해 보면 점점 실력이 는다는 것이다. 그러므로 지금 당장 책쓰기를 시작해 보라. 책쓰기를 한다고 해서 거창한 장비나 목표 선언이 필요한 것은 아니다. 단지 타자가 가능한 노트북이나 컴퓨터, 그리고 자신감만 있으면 된다.

책쓰기를 시작했다면, 너무 많은 생각을 하지 않는 것이 좋다. 작가는 글을 쓰면서 생각해야 한다. 글을 쓰기 위해 많은 생각을 하는 것은 비효율적이다.

어떻게 생각을 하지 않고 글을 쓸 수 있는가? 조리가 있는 글을 쓰려고 하지 말고 단지 종이에 낱말을 늘어놓기만 하면 된다. 지난날 나는 글을 쓰겠다면서 내내 생각만 하며 시간을 보내곤 했다. 무엇을 써야 할 것인지 생각하고, 어떻게 시작해야 할 것인지 생각하고, 이러면 안 되고 저러면 안 된다고, 생각하고 또 생각했지만, 종이 위에서는 아무 일도 일어나지 않았다. 그 많은 생각을 했지만, 아무것도 거둔 게 없었다. 생각하는 것은 글쓰기가 아니다. 글쓰기는 머리가 아닌 종이에 낱말을 늘어놓는 것이다.

로버타 진 브라이언트, 《누구나 글을 잘 쓸 수 있다》, 99쪽

종이 위에 문장을 작성하는 것이 책쓰기의 가장 기본 기술이며 행위이다. 사실 이것이 제일 중요하다. 심리적 부담감이 기술적 부담감보다 훨씬 더 강력하다. 그러므로 심리적 부담감을 이기는 것이 더 중요하다. 책을 쓴다고 말하고서는 머릿속에서 생각만 하는 사람과 먼저 종이 위에 문장으로 남기는 사람은 큰 격차가 생긴다. 필자는 절대로 전자를 추천하지 않는다. 엄밀하게 이야기하면 전자는 여전히 생각하고 사색하는 사람에 불과하지만, 후자는 책을 쓰고 있는 작가이다.

심리적 기술적 부담감을 극복하는 가자 현실적인 조언이자 방법은 술술 잘 읽히는 책을 그대로 필사를 10분씩 하는 것이다. 10분 정도 필사를 하다 보면, 어느 순간 쓰고 싶은 문장이 생각난다. 그러면 그때부터 자신의 책을 쓰면 된다. 문장 쓰기는 책쓰기 일부다. 그러므로 문장을 쓰는 것은 책을 쓰는 것이다.

글을 성공적으로 써내는 비결은 한 가지 중요한 태도를 익히는

것이다. 아직 맹아 상태에 있는 아이디어, 아니면 심지어 아이디어를 얻고 싶다는 갈망밖에 없을 때라도 일단 쓰기 시작하면 언젠가 자신이 하려는 말을 찾게 될 것이라고 믿어야 한다. 아이디어가 꼬물거릴 때 더 흔하게 나타나는 반응을 피할 줄 알아야 한다. 하고 싶은 말이 이미 머릿속에 떠올라 명확하게 정리될 때까지 기다리면서 쓰지 않는 것 말이다.

피터 엘보, 《힘 있는 글쓰기》, 122~123쪽

그렇다. 심리적, 기술적 부담감을 극복하는 또 다른 현실적인 조언은 무조건 일단 쓰기 시작하는 것이다. 쓰기 시작하면 놀라운 일이 생긴다. 쓸 문장이 생각이 나고, 꼬리에 꼬리를 물고 문장이 만들어진다는 점이다. 이런 경험은 일단 쓰기 시작할 때만 경험할 수 있다. 그러므로 당신도 일단 쓰기 시작하라. 그것이 가장 좋은 책쓰기 현실 조언이다.

'시작이 반이다.'라는 말은 언제나 옳다. 일단 쓰기 시작하면, 우리의 뇌는 그것을 어떻게든 완성하려고 하는 특징을 가지고 있다. 이것이 '작동 흥분이론'이다. 독일의 정신의학자 에밀 크레펠린이 발견한 이론이다. 우리는 일단 시작하면, 뇌의 측좌핵 부위가 흥분하기 시작하여, 의욕이 없던 일에도 의욕이 생기고, 그 시작을 통해 힘이 생겨

나고, 몰두하게 되어, 결국 결과를 내게 되고, 하게 된다.

일단 쓰기 시작하면, 그다음은 우리의 뇌가 저절로 흥분하고, 의욕이 생기고, 뭔가를 계속 완성하려고 한다. 그렇게 하다 보면 어느새 한 권의 책을 완성하게 되는 것이다. 일단 쓰기 시작하면, 그것은 우리 뇌와 무의식에 '나는 이제부터 책을 쓸 것이다. 그러므로 너희들은 책을 완성할 때까지 책쓰기에 충실하게 작동하는 기계가 되어야 한다.'라는 주문을 하는 것과 같다. 그러면 우리 뇌와 무의식도 책쓰기에 동참하게 된다.

우유부단한 사람, 겁쟁이는 여러 번 죽지만, 용감한 사람은 단 한 번 죽는다. 공포심도 전자가 더 많이 경험한다. 마찬가지로 책쓰기도 그렇다. 일단 책쓰기를 시작하면, 심리적 부담감과 압박에서 벗어날 수 있다. 필자는 이런 경우를 너무나 자주 경험한다.

오히려 책을 쓰지 않은 날은 책쓰기의 압박감에 짓눌러 있는 날이다. 그래서 필자는 매일 도서관에 가서 한 페이지를 쓰면, 비로소 이런 압박감과 부담감에서 벗어날 수 있고, 그 이후로는 자유로울 수 있다.

자신의 앞마당에서
자신의 이야기를 써라

전 세계에 글쓰기 붐을 일으킨 주인공이 있다. 바로 나탈리 골드버그다. 그녀는 작가의 삶을 동경하면서도, '어떻게 시작해야 할지' '무엇을 써야 할지'를 몰라서 고민하는 이들에게 도움과 용기가 되는 조언이 담긴 책을 통해 깊은 울림을 전해왔다.

그는 자신의 인생을 쓰는 법에 관한 책을 통해, 글을 쓰는 방법, 글쓰기를 시작하게 해 주는 동기 부여에 대해 피력한 바 있다. 특히 자서전에 대해 명언을 남겼다.

자서전을 쓰면 우유병이 부엌 바닥에 떨어져서 산산이 부서지고 우유가 바닥에 고일 때와 같은 경험을 할 수 있다. 우유병이

깨져야 유리 조각이 전등 불빛을 받아 얼마나 예쁘게 빛나는지 알 수 있다. 자서전을 쓰는 일은 이처럼 모든 상황을 하나하나 음미하는 즐거움을 준다.

나탈리 골드버그, 《인생을 쓰는 법》, 머리말 중에서

그렇다. 글쓰기의 즐거움은 자신이 경험하고 생각한 것을 하나하나 음미하는 과정이다. 그는 또 자서전이 결코 성공담이어야 한다는 생각에 반기를 들고 다음과 같이 반론한다.

자서전은 장애를 극복하고 한길로 매진한 끝에 원하는 바를 이루었다는 식의 성공담이 아니다. 우유 웅덩이가 생긴 건 우유병을 떨어뜨렸기 때문이다. 인생에서 벌어지는 모든 일이 우리에게 기록하고픈 욕구를 부추긴다. 그래서 수많은 사람이 자서전을 쓰고 싶어 하는 것이다. 우리는 과거에 일어난 구체적인 사건들을 알고 있다. 하지만 그때 정말 무슨 일이 있었던 걸까? 우리가 원하는 것은 우리 삶을 이끄는 표면적 사건보다는 그 아래에 있는 진실한 감정이다."

나탈리 골드버그, 《인생을 쓰는 법》, 머리말 중에서

그는 또 자서전이 나이 든 사람이 자신의 인생을 되돌아보며, 삶을 정리하고 기록하고 남기는 그런 글쓰기 장르에서 요즘은 20대에 자신의 삶을 대중에게 알리는 글쓰기 장르로 바뀌었다고 말한다. 20대나 30대에 처음 자서전을 써서, 자신을 세상에 알리고자 하는 이들이 엄청나게 많아졌다. 한국 사회에서도 이런 부류의 자기계발서가 너무나 많이 출간되고 있다.

이렇게 한 번 책을 쓴 사람들의 공통점은 멀지 않아서 또 책을 출간한다는 점이다. 그 이유는 무엇일까? 이들은 책쓰기가 가져다 주는 희열과 놀라운 성과를 온몸으로 체험했기 때문이다. 이들은 책쓰기가 가져다 주는 기쁨과 즐거움의 중독에서 벗어나지 못했기 때문이다.

최근 10년 동안 과거보다 평범한 사람들이 자신의 이야기, 자신의 경험, 자신의 실패담, 자기 생각, 자신의 노하우, 자신의 개인사를 펴내는 사람들이 크게 늘었다. 앞으로는 더 많이 늘 것이다. 한 마디로 책쓰기 대중화 시대가 펼쳐지고 있다.

자서전이나 자기계발서를 쓰기 위해서, 나이가 들도록 기다리는 사람들이 있다면, 혹은 내공이 좀 더 높아질 때까지 기다리고 준비하는 사람이 있다면, 절대 그렇게 하지 마라. 지금 당장 쓰고, 점점 더, 더 나은 책을 쓰면 된다. 책 한 권을 쓰는 과정을 통해 당신의 내공은 높아진다. 책쓰기를 하는 과정만큼 당신의 내공을 빨리 높여주는 행위도 없다. 그러므로 완벽할 때를 기다리지 말고, 지금 당장 책쓰기를 시작하는 것이 좋다.

책을 잘 쓰는 방법의 하나는 남이 아닌 자신의 이야기를 쓰는 것이다. 자신의 이야기를 가장 잘 아는 사람은 다름 아닌 자신이기 때문이다. 빌 게이츠의 이야기는 빌 게이츠가 가장 잘 쓸 수 있다. 마찬가지로 당신의 이야기는 당신만이 제대로 쓸 수 있다. 자신을 믿기만 하면 된다.

> 나는 야구에 관한 책 한 권과 재즈에 관한 책 한 권을 썼다. 하지만 하나는 스포츠 언어로, 또 하나는 재즈 언어로 쓴다는 생각은 한 번도 해 본 적이 없다. 나는 둘 다 내가 할 수 있는 최선의 언어로, 내가 늘 구사하는 문체로 쓰려고 애썼다. 두 책의 주제는 크게 다르지만, 나는 독자들이 같은 사람의 목소리로 느끼게 하고 싶었다. 그것은 야구를 다룬 '나'의 책이었고, 재즈를 다룬 '나'의 책이었다. 다른 사람들도 그들만의 책을 쓸 것이다. 내가 무엇을 쓰든, 작가로서 내가 팔 것은 나 자신이다. 그리고 여러분이 팔 것은 여러분 자신이다.
>
> 윌리엄 진서, 《글쓰기 생각쓰기》, 203쪽

미국의 저널리스트이며 글쓰기를 오랫동안 가르쳐 온 윌리엄 진서는 자신의 책을 통해 작가는 반드시 자신의 이야기를 써야 하며, 자신을 팔아야 하는 존재라는 사실에 대해 각인시킨 바 있다.

대부분 사람은 책쓰기에 대해 오해를 한다. 오해하는 부분 중에 가장 큰 것이 문장력, 필력이다. 문장력이 좋아야 책을 잘 쓸 수 있다고 오해한다. 하지만 좋은 책은 문장력에서 결정 나는 것이 아니라, 작가 자신을 얼마나 잘 파느냐에 따라 결정된다. 작가가 진짜 팔아야 하는 것은 자신의 문장력이 아니라 작가 자신이다. 작가 자신의 삶과 스토리를 팔아야 한다. 그렇다면 자신의 이야기를 해야 한다. 그것도 자기 삶의 무대인 앞마당에서 말이다.

자신의 이야기를 이 세상에서 가장 잘 쓸 수 있는 사람은 누구일까? 그것은 위대한 소설가도 아니고, 뛰어난 문장가도 아니고, 위대한 학자도 아니다. 즉 대문호 도스토옙스키도, 톨스토이도, 헤밍웨이도, 프란츠 카프카도 아닌, 바로 자기 자신이다. 자신의 이야기를 자기 삶의 무대 위에 펼쳐 놓는 것은 자기 자신이 천하무적이다. 손자병법에 보면, 아주 기가 막힌 병법을 하나 볼 수 있다. 그것은 '전쟁을 시작하기 전에 미리 이겨 놓고 시작하라.'라는 말이다. 이 말을 접했을 때는 말도 되지 않는 이야기인 줄 알았지만, 이제는 조금 이해가 간다.

자신의 앞마당에서 자신의 이야기를 쓰는 것은, 마치 손자가 말한 것처럼 '이미 이겨 놓고, 전쟁을 시작하는 것'과 같다. 자신감만 있으면 된다.

주제를 쪼개고 또 쪼개어
극대화해라

　독서 내공이 없어도 충분히 좋은 책을 쓸 수 있다. 여기서 좋은 책의 판단 기준은 독자들이다. 많은 독자에게 읽히는 책은 좋은 책이다. 독자들에게 외면당하는 책, 한 권도 읽히지 않는 책은 그렇다고 해서 나쁜 책이라고 할 수는 없다. 다만 많이 읽히는 책을 쓰는 것이 우리의 목표로 삼는 것이 좋다.

　이왕 책을 쓸 바에는 많은 독자에게 사랑받는 책을 쓰는 것이 낫지 않는가? 노자처럼 세상의 부귀영화를 다 마다하고 산속에 칩거하는 특별한 경우만 제외하고 말이다.

독자들에게 사랑받는 좋은 책을 쓰기 위한 전략 중의 하나는 주제를 잘 선정하는 것이다. 주제 선정이 왜 중요한 전략이 될까? 주제를 잘 선정할 때와 그렇지 못할 때, 책의 수준이 확연하게 달라지기 때문이 아니다. 물론 책의 완성도와 수준도 주제 선정에 따라 달라진다. 하지만 더 중요한 이유가 있다.

주제를 잘 선정하면, 책을 쓰는 작가가 자신의 내공으로 충분히 더 잘 쓸 수 있게 된다. 즉 같은 사람이 책을 쓴다고 해도, 좋은 주제를 선정했을 때는 책 쓰기가 훨씬 더 쉽고 편하고 즐겁게 쓸 수 있을 뿐만 아니라 더 수준 높은 책을 쓸 수 있게 된다. 반면에 주제 선정이 잘 못되었을 때는, 일단 먼저 작가가 책을 쓰는 것이 매우 힘들고 어려워지고, 결과적으로도 책의 수준이나 완성도가 떨어지게 된다.

필자가 책쓰기 수업을 할 때, 가장 신경 쓰는 부분이 주제 선정이다. 책쓰기를 시작할 때, 순서가 매우 중요하다는 이야기를 여러 번한다. 책쓰기의 가장 첫 번째 순서는 구상이다. 구상한 후 구성을 해야 하고, 구성이 끝나면, 서문과 본문을 쓰는 것이 가장 효율적인 책쓰기 순서다.

이 순서를 무시하고, 본문부터 쓰는 사람이 있는 데, 이런 경우, 갈

수록 책쓰기가 힘들어져서, 중도 포기하는 경우가 비일비재하게 발생한다. 충분히 책을 쓸 수 있는 사람이지만, 순서와 경험 부족으로 책쓰기를 포기하는 사람이 적지 않다.

좋은 주제는 어떤 주제일까? 어떤 주제가 책을 쓰는 작가가, 책쓰기를 즐길 수 있게 해 주고, 자신의 실력과 능력, 내공과 경험을 뛰어넘어 100% 이상 발휘할 수 있게 해 주는 것일까?

좋은 주제는 일단 거창하고 화려할 필요는 없다. 예를 들어, '21세기 우리가 만나야 하는 지구촌 환경 문제와 극복'이라는 주제는 너무 거창하고 화려하다. 이런 책은 절대 쓰지 마라. 너무 힘들고 어려운 주제, 즉 작가에게 좋지 못한 주제다. 작가를 애먹이고 힘들게 하는 주제이면서 동시에 이런 주제의 책이 한 권도 팔리지 않는다.

좋은 주제는 위의 예처럼 광범위하지 않아야 한다. 즉 쪼개고 쪼개서 더는 나누어질 것이 없을 정도로 쪼개어야 한다. 예를 들면, '독서 잘하는 법'이라는 주제는 너무 광범위하다. 독서에는 다독도 있고, 초서도 있고, 속독도 있고, 슬로우 리딩도 있고, 플랫폼 독서도 있고, 독서법 책으로 유일하게 자기계발 1위를 했던, 10만명이 열광한 국민 독서법인 퀀텀독서법도 있고, 포토 리딩도 있고, 학생을 위한 공부머리 독서도 있고, 뇌과학 독서도 있기 때문이다. 이 주제를 좀 더 쪼개보자.

대상도 만들어 쪼개어야 한다. 먼저 성인 남자를 위한 독서법에서 좀 더 쪼개면 '40대 직장 남성을 위한 독서법'으로 말이다. 대상을 쪼개었다면, 구체적인 방법과 내용도 쪼개면 좋다. '40대 직장 남성이 독서 천재가 되는 법' 여기서 좀 더 쪼개면 '40대 직장 남성이 하루 만에 독서 고수가 되는 독서의 기술' 이것은 어떤가?

자 이런 식으로 계속 쪼개고 쪼개면, 첫 번째 '독서 잘하는 법' 보다는 훨씬 더 호기심을 자극하지 않는가? 그뿐만 아니라 정작 책을 써야 하는 작가에게 너무나 큰 즐거움과 의욕을 불러일으킬 수 있도록 해 주고, 지금 당장 책을 쓰고 싶은 마음이 생기게 해 준다. 이렇게 쪼개고 쪼개 어서 극대화된 주제가 좋은 주제다.

이렇게 좋은 주제는 작가에게 의욕과 에너지를 심어주고, 책을 더 잘 쓸 수 있도록 자연스럽게 유도하는 시스템이 되어 준다. 이렇게 놀라운 시스템은 작가가 책을 지루하게, 밋밋하게, 쓸 수 없게 해 준다. 결국, 이미 싸움에서 이겨 놓고 전쟁을 시작하는 것이다. 이미 책을 재미있게, 흥미진진하게, 잘 쓸 수밖에 없는 장치를 만들어 놓고, 책쓰기를 시작하는 것이다.

자. 더 좋은 주제를 계속 만들어 보자. '40대 직장 남성이 회사에서 점심시간에 독서력이 3배 향상되는 기적의 독서법' 이것은 어떤가? 구미가 확 당기지 않는가?

주제를 잘 선정하면, 즉 주제를 쪼개고 쪼개면, 왜 책을 더 잘 쓸 수 있을까? 이것은 과녁 효과 때문이다. 아무리 힘이 좋은 장사도, 눈을 감고 허공에 주먹질하면, 절대 싸움에서 이길 수 없다. 싸움을 잘하는 사람은 정확히 과녁을 보고 활을 쏘고, 주먹을 휘두른다. 책쓰기도 이렇게 해야 한다. 많은 예비 작가들이 허공에 활을 쏘듯이 너무 광범위한 주제로 책을 쓰는 실수를 범한다. 과녁을 보지 않고, 허공을 보면서 활을 수백 발 쏜다고 해서, 절대 과녁을 맞힐 수는 없다. 체력만 고갈될 뿐이다.

단 한 발의 활을 쏘아도, 과녁을 정확히 보고 쏘는 것이 이길 승산이 높다. 책쓰기도 이렇게 해야 한다. 주제를 잘 선정한다는 것은 과녁을 정확히 만들고, 제대로 보고 활을 쏘는 것과 같다. 훨씬 더 쉽고, 즐겁고, 바르고, 잘할 수 있다.

설계도를 먼저 작성해야
쉽게 쓸 수 있다

책쓰기를 두려워하고 어려워 하는 사람들의 공통점이 있다. 바로 책의 흐름과 구성이다. '작가님, 어떻게 하면 책을 흐름이 끊기지 않고, 연결해서 쓸 수 있을까요?' 그렇다. 책의 흐름을 가장 걱정한다.

이것은 책쓰기 경험이 없는 사람에게 많이 나타난다. 책쓰기는 코끼리를 먹는 것과 같다. 많은 사람에게 이런 질문을 하곤 한다.

"코끼리를 잡아먹는 가장 효과적이고 쉬운 방법은 무엇일까요?"

독서법 특강이나 책쓰기 특강 때 자주 하는 질문 몇 가지 중에 하나다.

코끼리는 보통 엄청나게 크다. 한 번에 다 잡아먹으려고 하면 한입에 들어가지도 않고, 질식사할 것이 뻔하다. 코끼리를 잡아먹기 전에 본인이 먼저 죽을지도 모른다.

책쓰기는 코끼리를 잡아먹는 것과 같다. 코끼리를 잡아먹는 가장 쉬운 방법은 의외로 간단하다. '한 번에 한 입씩 먹는 것'이다. 한 번에 한 입씩 먹다 보면, 코끼리의 코도 먹고, 몸도 먹고, 앞발도 먹고, 꼬리도 먹게 되고, 결국 코끼리를 다 잡아먹게 된다. 여기서 한 가지 사실을 눈치채야 한다.

코끼리를 잡아먹을 때, 순서가 중요할까? 반드시 머리부터 먹고, 꼬리는 가장 나중에 먹어야 코끼리를 잘 잡아먹는 것일까? 코끼리가 거북하다면, 한우라고 생각해도 된다. 필자도 역시 태어나서 지금까지 코끼리를 먹어 본 적은 없다. 몸집이 거대해서 비유하기에 딱 좋아서 예를 드는 것뿐이다.

순서를 무시하고, 코끼리를 한 번에 한 입씩 먹다 보면, 어느 순간 코끼리 한 마리를 다 먹게 된다. 책쓰기도 이와 같다. 그렇다고 해서 책쓰기를 할 때 순서를 무시하라는 말이 아니다. 순서를 지키면서, 구상을 먼저 하고, 구성해야 하고, 구성한 후에 비로소 서문을 작성하고, 그다음에 본문을 작성하는 것이 좋다.

본문을 작성할 때, 즉 가장 긴 시간이 필요한 책의 내용, 본문을 작성할 때가 바로 코끼리를 잡아먹을 때처럼 해야 한다. 왜 본문을 작성할 때, 코끼리를 잡아먹을 때처럼 '한 번에 한 입씩', 하지 않고, 순서를 무시하고, 무작위로 하는 것일까?

먼저, 책의 전체 흐름과 설계도는 책쓰기의 두 번째 단계인 구성 단계에서 목차 작성을 해야 한다는 전제 조건을 반드시 지켜야 하기 때문이다. 다른 말로 하자면, 목차 구성을 통해 우리는 반드시 본문을 집필하기 전에 책의 전체 흐름과 구조인 설계도를 작성한다.

목차 구성이 완료되면, 책의 전체 설계도와 흐름이 정해지고 만들어진 것이다. 이것이 완료된 후에는, 비로소 코끼리를 먹듯이, 순서에 상관없이, 신문 칼럼을 쓰듯, 그날그날 단편적인 일기를 쓰듯, 한 번에 한 단락씩, 독립적으로, 무작위로 본문을 작성하면 된다.

이렇게 하면, 유익한 점이 매우 많다. 일단 책을 처음부터 끝까지 흐름과 구조를 생각하면서 써야 한다는 부담감, 압박에서 벗어나, 책쓰기가 훨씬 더 즐겁고 쉬워진다. 그뿐만 아니라 작가는 앞의 내용에 구속받지 않는 자유롭고 풍부한 글감들을 다채롭게 끌어들일 수 있다.

책을 쓰면서 내내 부담감과 압박감에 짓눌러 쓴다면, 좋은 책이 탄생할 수도 없을 뿐만 아니라 책을 쓰는 과정이 고통이며 스트레스가 되어, 평생 다시는 책을 쓰지 않겠다고 선언할지도 모른다.

옛말에도 '즐기는 자가 고수'라는 말이 있지 않은가. 즐기는 것이 중요하다. 즐기는 자가 승리하는 자가 되고, 즐기는 자가 성공한다. 책을 쓰면서 그것을 즐기는 자가 결국 책쓰기 고수다.

책쓰기를 즐길 수 있고, 책쓰기의 기쁨과 희열, 위안과 즐거움을 다 맛본 사람은 평생 책을 쓰면서 살아갈 수 있다. 책쓰기가 하나의 취미가 되고, 소일거리가 되고, 동시에 경제 활동도 된다면, 이것보다 더 금상첨화가 어디 있겠는가.

설계도와 같은 목차 구성을 잘해 놓으면, 더는 책의 흐름이나 구조에 대해서 신경 쓸 필요가 없어진다. 책쓰기가 가벼워질 수 있다. 삶이 힘든 것은 삶의 무게 때문이다. 조금이라도 삶의 무게를 가볍게 할 수 있다면, 그 인생은 즐겁고 행복할 것이다. 책쓰기도 마찬가지다. 책쓰기를 조금이라도 가볍게 할 수 있는 여러 가지 현실 조언을 해 주고 있다. 그중의 하나가 목차 구성을 먼저 한 후 책을 쓰는 것이다.

목차 구성을 먼저 하면, 불필요한 글과 단락을 쓰지 않을 수 있고, 아주 효율적으로 책쓰기를 할 수 있다. 목차 소제목과 관련 있는 내용만 집필하면 되기 때문이다.

책쓰기의 전체 순서를 한 번 정리해 보자. 가장 먼저 해야 할 것은 전체적인 그림을 그려 보는 것이다. 즉 전체적인 구상을 해야 한다. 집을 짓기 위해 가장 먼저 하는 것은 설계도가 아니다. 먼저 집 지을 곳의 크기와 지형, 주변 경관, 땅의 성질과 특징 등 집 주위와 환경, 지형지물의 전체적인 조건을 살펴본다.

책쓰기도 이와 다르지 않다. 먼저 책의 주제가 될 것에 대해 전체적인 구상을 해야 한다. 구상하는 과정은 주제와 전체적인 책의 컨셉, 그리고 제목과 부제를 작성하는 과정이다. 구상이 끝난 후 해야 할 것이 설계도다. 글의 주제에 대해 전체적인 밑그림을 그려 보았다면, 이제는 구체적으로 설계도를 그려야 한다. 구상은 총론을 세우는 것이고, 구성은 각론으로 들어가는 것이다.

설계도에는 각 층이 무슨 구조로 되어있고, 심지어 어떤 가구를 배치하고, 어떤 용도로 사용할 것인지를 정해야 한다. 5층 건물을 짓는다고 할 때, 지하는 몇 층으로 하고, 1층은 어떤 용도로 쓰고, 2층부터는 무엇을 할 것인지, 3층부터 5층은 주 용도가 무엇인지를 정해야 한다. 이것이 바로 목차 구성이다.

목차 구성만 끝나도, 어느 정도 책의 전체적인 윤곽과 책의 흐름과 구조가 드러난다. 책의 전체 그림을 미리 한번 그려 본 후, 디테일하게, 구체적으로 설계도를 그리는 것이다. 집을 잘 지으려면 설계도가 필요하듯, 책을 잘 쓰기 위해서는, 쉽게 쓰기 위해서도 설계도인 목차 구성은 반드시 해야 한다.

서문 쓰기는 머리로,
본문 쓰기는 발로 써라

우도할계牛刀割鷄란 말이 있다. 소를 잡는 칼로 닭을 잡는다는 말이다. 책쓰기 코치를 오래 하다 보면 많은 수강생이 우도할계의 실수를 범하면서도 자신이 무엇을 잘못했는지조차 모른다.

노련한 고수는 소를 잡을 때, 소 잡는 칼을 쓰고, 닭을 잡을 때, 닭 잡는 칼을 쓴다. 초보자들은 된장인지 간장인지 몰라 아무 도구를 쓰는 것이다. 책을 쓸 때, 서문과 본문은 성격이 전혀 다르고, 사용해야 하는 도구와 책을 쓸 때의 전술도 달라야 한다. 하지만 초보자들은 이 사실을 모르고, 그냥 아무 생각 없이 글을 작성한다..

서문과 본문은 기능부터 다르다. 서문은 본문을 읽도록 하기 위한 유인책과 같다. 진짜 이야기는 본문에서 해야 한다. 즉 서문은 면접 보는 것과 같다. 가장 멋지게, 가장 강력하게, 가장 눈부시게, 유혹하는 글쓰기를 해야 한다. 그래서 지략이 필요하고, 머리로 글을 써야 한다.

본문은 면접에서 통과한 후, 매일 출근해서 업무를 보는 것과 같다. 매일 출근할 때, 면접 볼 때처럼 양복을 매일 입고, 최고의 상태로, 최상의 조건으로 출근을 한다면, 한 달도 안 되어 지쳐서 회사를 그만둘지도 모른다. 최소 1년 이상은 근무를 해야, 한 권의 책이 나온다고 할 수 있다.

그렇다면 1년 이상 회사에서 잘리지 않고, 일을 잘하기 위해서는 가장 효율적인 장기 전략이 필요하다. 본문은 바로 양의 문제다. 서문은 질의 문제다. 그래서 본문 쓰기는 발로 뛰어다니면서 써야 한다. 머리보다는 발로 써야 하고, 엉덩이와 온몸으로 써야 한다.

본문과 서문의 가장 큰 차이는 난이도에 있다. 서문과 본문, 어느 것이 더 어려울까? 필자의 생각은 서문이다. 서문이 본문보다 열 배 이상 쓰기 어렵다. 서문은 독자들을 유혹해야 하고, 본문을 읽도록 끌어당겨야 하기 때문이다. 본문은 자신이 하고 싶은 이야기를 계속 펼쳐 놓으면 된다.

'발연기'라는 말이 있다. 매우 형편없는 연기를 낮잡아 이르는 말이다. 하지만 발로 쓰라는 것은 형편없이 쓰라는 말이 아니다. 온몸으로 쓰라는 말이다. 많은 수강생이 자신은 책을 잘 쓸 실력이 없다고 겁을 먹고, 걱정을 많이 한다. 하지만 이런 걱정은 기우에 불과하다.

실제로 수업시간 내내 자신은 책을 잘 쓸 실력이 없다고, 자신 없다고 걱정만 하시던 분이 7주 수업 만에 원고 투고를 하자마자 한강 이남에서 그래도 큰 출판사로 평가받는 곳과 즉시 출판 계약을 하셨고, 출간되자마자 베스트셀러에 진입하셨다.

이것은 일종의 '더닝 크루거 효과'라고 볼 수 있다. 코넬대 대학원생 데이비드 더닝과 저스틴 크루거 교수가 학부생을 대상으로 한 인지 편향 실험을 진행했다. 45명의 학부생에게 논리적 사고 시험을 치르게 한 후, 자신의 예상 성적 순위를 예측하게 했다. 그 결과는 재미있다. 성적이 낮은 학생은 예상 순위를 높게 평가했고, 성적이 높은 학생은 스스로를 낮게 평가했다.

즉 실력이 있는 사람은 자신을 과소평가하고, 실력이 없는 사람은 과대평가하는 경향이 있다. 자신이 책을 못 쓸 것이라고 자신을 과소평가할 필요는 없다. 길고 짧은 것은 대 봐야 안다.

한 가지 희소식은 본문 쓰기가 그렇게 힘들고 어려운 것이 아니며, 상당한 수준의 문장력이 필요한 것은 아니라는 사실이다. 정말이다. 본문 쓰기는 일기 쓰듯이 편하게 부담 없이 쓰라고 조언하고 싶다.

글쓰기에 대해서 제대로 조언해 주는 작가가 있다. 바로 강원국 씨다. 그의 최근작에 보면 이런 고마운 글이 있다. 글쓰기를 시작하려고 하는 분들에게 큰 도움이 될 뿐만 아니라 현실 조언을 참 제대로 잘 해 주신다는 것을 읽을 때마다 느낀다.

> 글쓰기는 산행과도 맞닿아 있다. 산은 아무리 마음이 급해도 한발 한발 올라야 한다. 한달음에 날아오를 순 없다. 글도 마찬가지다. 한 글자 한 글자 써야 한다. 그런 점에서 산과 글은 공평하다. 제아무리 용쓰는 재주가 있어도 한 걸음씩 내디뎌야 한다. 한 걸음을 내디딜 수 있는 사람은 누구나 산 정상에 오를 수 있다. 사람에 따라 걸리는 시간 차이가 있을 뿐 도중에 포기하지만 않으면 언젠가는 정상에 오른다.
> 산을 오르다 보면 그만두고 싶을 만큼 힘든 고비가 한두 번 온

다. 글쓰기도 그렇다. 도저히 못 쓸 것 같은 깔딱 고개를 만난다. 산에서 깔딱 고개를 만났을 때는 쉬어가는 게 맞다. 글쓰기도 고비를 만나면 글과 억지 씨름하지 말고 다른 일을 해야 한다. 그러고 나서 다시 글을 보면 대부분은 돌파구가 생긴다.

강원국, 《강원국의 글쓰기》 316쪽

책쓰기는 등산을 하는 것과 같다. 등산을 시작하기도 전에 산 아래서 높은 정상만을 바라보고, '야~~ 저 높은 곳을 어떻게 올라가지'하고 말하는 사람은 없다. 한 걸음 한 걸음 올라가다 보면, 어느새 정상에 도착하게 된다.

등산에서 중요한 것은 장비나 기술이 아니다. 체력이다. 책쓰기에 있어 체력과 같은 것이 바로 자세와 생각이다. 책쓰기에 임하는 자세와 생각이 좋아야, 책쓰기를 완주할 수 있다. 긍정적인 생각, 반드시 해낼 수 있다는 자세와 생각, 나도 할 수 있다는 생각이 가장 중요하다. 체력이 없는 사람은 산 중턱도 오르지 못하듯, 생각이 부정적인 사람은 책쓰기를 할 수 없다. 하기도 전에 포기하고 지는 사람이기 때문이다.

본문 쓰기는 기교나 재주로 하는 것이 아니라, 한 발 한 발 꾸준히 내디뎌야 하는 등산이다. 한 걸음씩 내디딜 수 있다면, 누구나 산 정상에 오를 수 있듯이, 당신도 충분히 책을 쓸 수 있다.

본문 쓰기에 있어서 가장 중요한 것 중의 하나가 성실함이다. 책쓰기는 요행이나 편법이 통하지 않는다. 그래서 자세가 매우 중요하다. 아무리 재주가 뛰어난 사람도, 인류 역사상 최고의 천재라고 해도, 한 문장 한 문장 성실하게 문장을 써 내려가야 책이 된다.

그런 점에서 책쓰기는 매우 공평하다. 대통령도, 서민도, 남자도, 여자도, 대기업 회장도, 한 문장 한 문장 성실하게 써야 하기 때문이다. 바로 이런 점에서 책쓰기는 머리로 시작하지만, 엉덩이로 완성해야 한다.

오랫동안 엉덩이로 의자 위에 앉아 있지 않은 사람은 아무리 천재라도 책을 쓸 수 없다. 이것은 공정하고 공평한 게임이다. 본문 쓰기는 엉덩이로, 발로, 온몸으로 하는 것이다. 그래서 삶을 대하는 태도와 자세가 나쁜 사람, 게으른 사람, 남 탓만 하는 사람은 절대로 책을 쓸 수 없다. 그런 점에서 작가들은 모두 위대한 사람이다.

제5장

급이 다른 책쓰기를 완성하는 책쓰기 노하우 5가지 방법

직업이 무엇이든, 인생 최고의 목표가 무엇이든,
남자든 여자든, 부자든 가난하든 종교가 무엇이든
상관없다.
책쓰기는 당신이 누구든, 무엇을 하는 사람이든,
상관없이 필요한 행위이다.

책쓰기는 부와 성공일 뿐만 아니라 자기계발의 길이다.
특히 책쓰기는 평범한 사람들에게 더 강력하고 효과적이다.
책쓰기는 천하에 공평한 물건이 되었다.
그렇다. 책쓰기는 공평하다. 돈도 없고 연줄도 없는 사람이
성공할 수 있는 길이다.

《48분 기적의 책쓰기》 중에서

본문의 단락을
나누고 활용하라

글쓰기와 관련하여, 현대에 들어오면서 새롭게 발명한 기법이 있다. 그것이 바로 단락이다. 과거에는 단락이라는 개념도 없었고, 단락도 없었다. 글이란 무조건 쉬지 않고, 처음부터 끝까지 쓰고, 읽었다. 하지만 어느 순간부터 목차, 색인이 생겼고, 지금 현대 글쓰기에서 가장 주목받고 있는 단락이 발명되었다.

단락이 왜 중요하고 좋은 것일까? 단락이 발명됨으로써 글쓰기가 훨씬 더 쉽고 보편화 되었기 때문이다. 단락은 큰 기능을 한다. 독자들의 머리를 환기하는 역할을 한다. 그래서 글을 쓸 때 굳이 흐름에 크게 신경 쓰지 않아도 된다.

이것은 글을 쓰는 작가에게 매우 좋은 소식이다. 책쓰기를 하는 작가들이 힘들지 않게 자연스럽게 책을 과거보다 훨씬 더 쉽게 쓸 수 있는 이유는 목차와 단락 덕분이다.

목차는 웬만한 작가들이 다 알게 모르게 이용하기 때문에 그 혜택을 잘 누리고 있지만, 단락을 제대로 활용하고 혜택을 누리는 작가는 많지 않다. 이 이야기를 하려고 한다.

단락의 효과와 중요성을 잘 알고 있는 작가 중의 한 명이 바로 다치바나 다카시다. 일본에서는 분야를 넘나들며 방대한 독서와 책쓰기를 하는 '지知의 거인'으로 유명한 작가다. 그는 글을 익숙하게 쓰는 사람과 초보자의 가장 큰 차이가 바로 단락의 이용 방식에 있다고 말한다.

> 글을 쓰는 일에 익숙한 사람과 익숙하지 않은 사람의 가장 큰 차이는 바로 이 단락의 사용 방식에 있는 것이 아닐까 하는 생각마저 든다. 글쓰기에 익숙한 사람은 무심한 듯 단락을 사용하면서 긴 글을 쓱쓱 써 내려간다. 도중에 글이 막히면 다시 새로운 단락을 만들고, 새로운 문장을 시작하는 것만으로도 큰

고충 없이 글을 계속 써 내려갈 수 있다. 글이 이어지지 않는 일로 고민하는 사람은 예외 없이 글쓰기에 익숙하지 않은 사람이다. 글이란 자주 막히는 것이 당연한 일이다. 글을 쓰다가 막히면 새로운 단락을 만들어 새로운 것을 써 내려가면 된다. 이것을 머릿속으로 환기시킬 줄 아는 사람이 좋은 글을 쓸 수 있다.

다치바나 다카시, 《자기 역사를 쓴다는 것》, 20~21쪽

글쓰기에 익숙하지 않은 사람들은 단락 활용법을 연습하는 것이 도움이 된다. 단락 활용법은 이렇다. 글을 쓰다보면 더는 쓸거리가 없어서 막히는 순간이 온다. 그 순간에는 과감하게 새로운 단락을 만들어 새로운 문장을 시작하면 된다.

필자는 여기에 한술 더 뜬다. 서너 줄마다 한 줄씩 최소 단위로 단락을 만들어 버리기 때문이다. 이런 식으로 단락을 만들면 무엇이 좋을까? 본문 쓰기를 할 때 속도감을 느낄 수 있고, 앞 단락의 내용을 크게 의식하지 않아도 된다. 10년 동안 100권의 책을 쓰면서 나름대로 터득한 일필휘지의 비결 중 하나다.

책쓰기의 즐거움을
활용하라

자기만의 즐거움을 위한 글쓰기, 개인적 가치를 위한 글쓰기는 습작을 할 때뿐만 아니라 작가로서 계속 경력을 쌓아갈 때도 필요하다. 그런 글쓰기는 모든 글쓰기의 든든한 버팀목인 것이다. 내 학생들 가운데 일부는 재미로 혹은 가족을 위해 글을 쓰기 시작했지만, 결국에는 책까지 펴냈다.

로버타 진 브라이언트, 《누구나 글을 잘 쓸 수 있다》, 69~70쪽

자기만의 즐거움을 위해 오롯이 하는 행위가 없는 사람은 불행한 사람이다. 삶의 즐거움이 없는 사람의 전형이다. 책쓰기도 그렇다.

자신의 즐거움을 위해 오롯이 책쓰기를 하면 안 될까? 코로나로 인해 온종일 집에 틀어박혀 있으면서 무료하게 보내야 하는 기간이 길었다. 거의 1년 6개월 동안 책쓰기를 하지 않았기 때문에 이런 경우는 비일비재했다.

특히 이미 회사를 퇴직한 지 10년이 지났고, 본업인 책쓰기와 독서법 코치를 하는 날이 보통 주말에 몰려 있으므로, 월요일부터 목요일은 반 정도는 은퇴한 사람과 비슷한 삶을 살게 되었다. 여기에 코로나까지 왔으니, 설상가상으로 하루하루 너무나 무료한 일상이 반복되었다.

1년 6개월 동안 코로나로 사람과의 만남도 적어지고, 그렇게 좋아하던 수영도 마음껏 하지 못했다. 1년 6개월 동안 매 주 한두 번 이상 다녔던 월드컵 수영장을 단 한 번도 가지 못했다.

1년 6개월 동안 코로나 기간 필자는 우울증, 공황장애, 무기력증, 무망감 등이 찾아왔고, 나이 50이 넘었으므로, 오춘기와 같은 갱년기가 동시에 찾아왔다. 하루하루 일과 사람에 치여서 힘들게 살던 30대의 삶이 그리워졌다. 매일 출퇴근하는 직장인들이 심신이 건강한 이유는 바로 여기에 있다. 매일 출근을 해야 하고, 매일 몸을 움직이고, 마음을 쓰고, 사람과 교류를 하므로, 심신은 더 건강해지고 강해진다. 하지만 일주일에 이틀만 출근하고, 나머지 5일 동안은 은퇴자와 같은 삶을 사는 사람은, 건강을 스스로 잘 챙기지 않으면, 쉽게 몸과 마음이 망가질 수 있다.

평생 건강하던 사람이 정년퇴직 하자마자, 병이 나고, 몸이 약해지는 경우가 흔한 이유가 바로 여기에 있다. 이때 오롯이 가장 큰 즐거움을 주면서, 쉽게 집 안에서도, 어디서도 실천할 수 있는 유일한 해결책이 바로 책쓰기였다.

책쓰기를 하면 할수록 활력이 되살아났고, 기분이 좋아졌고, 상처가 치유되었고, 무엇보다 즐거움을 누릴 수 있게 되었다. 뭔가 생산적인 일을 했다는 생각 때문만은 아니다. 그저 손가락을 움직여서 타이핑을 하고, 뭔가를 생각해내고, 그것을 워드에 글자로 탄생시키면서 온몸의 세포가 왕성하게 움직이기 때문이다.

글쓰기 자체의 즐거움을 누리는 것이 아주 중요하다.
단순한 기술적 창작론이 아닌 창작의 도전 정신이 살아 있는 창작론의 대가 중의 한 명이 가오싱젠이다. 그는 중국인이다. 그리고 중국인 최초의 노벨상 수상자이기도 하다.

그는 글쓰기가 우리에게 가져다 주는 무엇과도 바꿀 수 없는 즐거움 자체의 중요성을 강조하는 사람이다. 글쓰기의 즐거움을 누릴 때, 그 즐거움뿐만 아니라 부가적으로 자연스러운 글을 쓸 수 있게 된다는 점을 피력한 바 있다.

> 글쓰기가 생계의 수단이 되지 않을 때, 글쓰기 자체의 즐거움을 위해 글을 쓸 때, 다른 누군가를 위해 글을 쓴다는 의식이 없을 때, 비로소 그 시대가 가장 필요로 하는 글이 자연스럽게 나오게 됩니다.
>
> 가오싱젠, 《창작에 대하여》, 41쪽

자, 이제 마음껏 타인의 시선을 의식하지 말고 글쓰기 자체의 즐거움을 위해 글을 쓰자.

책쓰기의 시작은 작가이고, 끝은 독자다

책쓰기는 작가가 시작한다. 하지만 끝은 독자가 맺는다. 왜냐하면, 책쓰기는 작가와 독자의 만남이고 소통이기 때문이다. 여기서 중요한 사실이 도출된다. 작가가 하고 싶은 말만 해서는 안 된다는 사실이다. 즉 다른 말로 하면, 많이 읽히는 좋은 책의 조건은 독자 중심의 책이라는 말이다.

독자 중심의 책은 독자들에 대한 배려와 고민이 담겨있다. 독자들의 고민과 스트레스를 해결해 줄 수 있는 책이 좋은 책이다. 이런 책이 독자들에게 주목을 받고 환영을 받는 것은 당연한 일이다. 책을 쓰기 전에 조금만 더 깊게 넓게 생각해 보면 이런 사실을 쉽게 알 수 있다.

책쓰기의 완성은 독자이기 때문에, 책쓰기를 시작할 때 반드시 간과해서 안 될 것이 독자에 관한 규정이다. 내가 쓸 책을 읽을 독자를 제대로 파악하지 못한 상황에서 책을 쓴다는 것은 목적도 없이 계획을 세우는 것과 같고, 도착 장소도 모르면서 무작정 출발을 하는 것과 다름없다.

책쓰기를 모두가 어렵다고 말한다. 하지만 책쓰기를 조금이라도 더 쉽게 더 잘하는 방법이나 팁이 있다. 그중의 하나가 독자 파악이다. 내가 쓸 책을 읽을 독자가 어떤 사람이며, 어떤 고민을 하고 있고, 어떤 스트레스를 많이 받는 사람인지를 잘 파악한다면 책쓰기를 훨씬 더 유리한 상황에서 할 수 있다. 하지만 많은 초보 작가들이 자신이 하고 싶은 말만 하는 데 급급하다. 그래서 독자들은 전혀 공감하지 않는 것이다. 세상은 정확하다. 모든 것은 다 이유가 있다.

1등 하는 기업은 그렇게 하는 이유가 분명히 있다. 독자들이 열광하는 책은 또한 그렇다. 독자들이 열광하는 책은 독자 중심의 책이다. 작가가 아닌, 독자의 고민을 해결해 주고, 독자의 스트레스를 해

소해 주는 책이 독자가 열광하는 책이다.

책쓰기의 시작은 작가의 결단과 행동이다. 책쓰기의 완성은 독자의 변화와 행동이다. 초보 작가들이 조심해야 하는 것은 책쓰기에도 순서가 있다는 사실이다. 주제를 선정할 때도 그렇다. 작가 중심이 아닌 독자 중심의 주제 선정을 해야 한다. 독자 중심의 주제 선정은 무엇일까?

작가가 자신이 쓰고 싶은 주제를 선정하는 것은 작가 중심이다. 하지만 자기가 잘 쓸 수 있는 주제를 선정하는 것은 독자에 대한 배려이고, 독자 중심이다. 자기가 쓰고 싶은 주제와 자기가 잘 쓸 수 있는 주제는 일치할 수도 있지만, 다른 경우도 많다. 이것이 다른 경우, 세상과 독자들에게 더 유익한 것은 자기가 잘 쓸 수 있는 주제를 쓰는 것이다.

조선 시대 가장 많은 책을 집필한 인물이 누구일까? 바로 혜강 최한기 선생이다. 혜강 선생은 무려 1,000권 이상의 책을 집필한 능력자이다. 혜강 선생이 책을 이토록 많이 집필한 이유는 한 가지다. 바로 '저술공덕'이다.

혜강 선생은 책을 쓰는 것이 덕을 쌓는 것이라고 생각했다. 세상과 타인에게 유익한 책을 많이 쓰는 것이 결국 착한 일을 하는 것이다. 이것이 세상과 독자 중심의 책쓰기다. 비즈니스도 마찬가지다.

작가 중심의 비즈니스는 '그저 돈을 많이 벌고 싶고, 더 성공하고 싶고, 더 부자가 되고 싶어서 하는 것'이지만, 독자 중심의 비즈니스는 '먼저 세상과 타인에게 더 유익하고 더 가치 있고 더 큰 도움을 줄 수 있는 제품과 서비스를 창조하고 상용화시키는 것'이다. 후자가 진정한 창업가의 정신에 더 부합한다고 할 수 있다. 자기가 돈을 많이 벌고, 성공하기 위해 사업을 시작하는 사람과 세상과 타인의 욕구와 니즈needs와 원츠wants를 파악해서 그것을 충족시켜 주기 위해서 사업을 시작하는 사람의 결과는 전혀 다르다.

책쓰기도 이와 다르지 않다. 자기 생각만 하면서 책을 쓰는 사람과 독자들의 니즈와 원츠를 생각하면서 책을 쓰는 사람은 차원과 수준이 다르다. 후자의 사람이 진짜 작가로 성공할 수 있다.

책쓰기에 사용되는 글쓰기는
따로 있다

시에 사용되는 문장은 따로 있듯이, 소설에 사용되는 문장도 따로 있다. 또한, 비문학, 일반 자기계발서 책쓰기에 사용되는 문장도 따로 있다. 일반적인 책쓰기, 문학이 아닌 실용서, 자기계발서에 사용되는 글쓰기는 어떤 것일까?

한 마디로 세 가지를 갖추고 있는 글쓰기여야 한다. 먼저 명료한 글쓰기여야 한다. 아무리 좋은 내용이라도 명료하지 않으면 문장의 가장 중요한 기능인 전달력이 떨어진다. 전달력이 떨어진 글은 아무도 읽지 않는다. 내용이 전달되어야 비로소 독자들이 이해하고 감동할 수 있기 때문이다.

명료한 글쓰기는 가장 우선되어야 하는 글쓰기다. 명료한 글쓰기를 중요하게 생각한 철학자가 있다. 바로 아리스토텔레스다. 그는 자신의 저서인 《에우데모스 윤리학》이란 책을 통해, '문장의 제1 요건은 명료함이다.'라고 주장한 적이 있다. 《구토》의 저자 사르트르도 '문장은 꾸밀 필요가 없다.'라고 말했다. 형용사와 부사를 추가해서 꾸밀수록 문장은 명료해지지 않기 때문이다.

두 번째로 갖추어야 하는 글쓰기는 간결한 글쓰기다. 간결한 문장이 결국 아름다운 명문이다. 중국의 최고의 문장가인 유협은 '간결한 문장이 아름답다.'라고 말했다. 서양의 문장가인 쇼펜하우어도 '간결한 문체는 훌륭한 글쓰기의 첫걸음이다.'라고 언급했다. 우리의 문장가인 허균도 역시 이런 점을 간파했다.

'어렵고 교묘한 말로 글을 꾸미는 것은 문장의 재앙이다.'

그렇다. 문장을 꾸미려고 하다가 문장이 복잡해지면, 그것보다 더 큰 낭패는 없다. 그래서 작가에서 가장 큰 장애물은 형용사와 부사다. 형용사와 부사를 멀리할수록 좋다.

세 번째로 갖추어야 하는 글쓰기는 쉬운 글쓰기다. 지식과 경험이 많은 전문가들이 책을 쓸 때 가장 쉽게 빠지는 함정이 이것이다. 책이 너무 어렵고 난해하다는 것이다. 책이 어렵고 난해할수록 독자들은 도망간다. 최소한 독자들이 즐겁게 독서를 할 수 있도록 해 주어야 한다. 이것은 가장 중요한 기본 중의 기본이다. 이렇게 하기 위해서는 책이 반드시 쉬워야 한다. 쉬워야 독자들이 몰려든다. 그리고 열광하게 되는 것이다.

책을 쓴다는 것이 그렇게 힘들고 어려운 것이 아니다. 다만 너무 어깨에 힘을 주고 쓰려고 하니까, 작가도 힘이 들고, 독자들도 그렇게 되는 것이다. 어깨에 힘을 빼면, 쉽게 쓸 수 있고, 쉬운 글쓰기가 결국 독자들에게 환영받는다.

책을 쓸 때 명심해야 하는 것이 바로 공자의 말이다. '말이나 글은 뜻을 전달하면 그만이다.'라는 말이다. 너무 잘 쓰려고, 애쓰면 안 된다. 애쓸수록 장고 끝에 악수를 두기 때문이다. 책은 쉽게 쓰는 것이다.

쉽게 쓰기 위해, 쉬운 글쓰기를 하기 위해 가장 조심해야 할 세 가지가 있다. 바로 일본어 말투, 중국의 한자, 영어 번역 투 글쓰기다.

이 세 가지가 우리 글을 어렵게 복잡하게 만드는 주범이기 때문이다.

일본식 말투 중에서도 가장 먼저 고쳐야 할 말투는 이런 것이다.

'우리의 집으로' → '우리 집으로'

'미국의 선수들의 조건' → '미국 선수들의 조건'

'이건 선생님의 모자다.' → '이건 선생님 모자다.'

'출근길 정체에 의해' → '출근길 정체 때문에'

'신문 기사에 의하면' → '신문 기사를 보면'

'역사에 있어서의' → '역사에서'

'미국 본토에서의' → '미국 본토의'

'인간으로서의' → '인간이라는'

중국식 말투에서 가장 먼저 고쳐야 할 말투, 생략해야 할 접두사 접미사는 이런 것이다.

'정기적으로 모임을 가진다.' → '정기 모임을 한다.'

'그의 말은 모순적이다.' → '그의 말은 모순이다.'

'이런 상황하에서' → '이런 상황에서'

'외형상으로 볼 때' → '겉으로 볼 때'

'방향성을 찾기 위한' → '방향을 찾기 위한'

'서울에 위치한 남산' → '서울에 있는 남산'

영어식 번역 투에서 가장 먼저 고쳐야 할 말투는 이런 것이다.

'가난한 사람을 위한 대책 마련이 요구된다. ~be required for'

→ '가난한 사람을 위해 대책을 세워야 한다.'

'운동을 아무리 강조해도 지나칠 수 없다. ~can't be too emphasized'

→ '운동이 가장 중요하다.'

'정의로운 삶을 위해서는 법을 지키지 않으면 안 된다. ~must be'

→ '정의로운 삶을 위해서는 법을 지켜야 한다.'

'비상대책위원회를 출범했음에도 불구하고 상황은 나아지지

않았다. ~in spite of, even though'

→ '비상대책위원회를 출범했지만, 상황은 나아지

지 않았다.'

일반 단행본, 비문학, 자기계발서를 쓰는 글쓰기는 그렇게 어렵지 않다. 간단한 규칙을 지키고 조금만 연습하면 누구나 잘 쓸 수 있는 글쓰기다. 다시 말해 책쓰기는 그렇게 어렵고 거창한 것이 아니다.

심리적 장벽만 무너뜨리면 책쓰기는 당신도 충분히 가능하다. 물론 자신감만 가지고 있다고 해서 되는 것은 아니다. 하지만 책쓰기 기술은 누군가에게 배울 수 있지만, 자신감은 배울 수 없다. 스스로 갖추어야 한다. 용기를 내서 도전하는 사람은 누구나 가능하다는 말이다.

글쓰기와 책쓰기는
전혀 다른 분야다

책쓰기와 글쓰기는 엄연하게 다르다. 그럼에도 많은 독자가 글쓰기와 책쓰기가 하나라고 생각한다. 이렇게 글쓰기와 책쓰기를 동일한 것으로 간주하는 사람이 책쓰기를 하면 어떤 문제가 생길까? 독자가 없는 무늬만 작가인 사람들이 대량 양산된다는 것이다. 즉 책이 어떻게 해서 우여곡절을 거쳐서 힘들게 출간된다고 해도 그 책을 읽고, 독자가 되고 팬이 되는 사람들이 거의 없는 그런 부류의 책이 될 가능성이 크다. 그 이유는 무엇일까?

글쓰기는 자신과의 대화라면, 책쓰기는 독자와의 대화이기 때문에, 성격이 정반대라는 점을 명확하게 인식할 수 있어야 책쓰기를 잘 해낼 수 있기 때문이다. 글쓰기는 자신과의 대화다. 하지만 책쓰기는 반드시 종착역이 독자의 마음, 독자여야 한다. 실제로 글쓰기는 잘하면서 책쓰기는 못 하는 사람들이 많다. 그것은 책쓰기가 훨씬 더 복합적인 창작 행위이기 때문이다.

김병완, 《퀀텀 책쓰기》, 307~308쪽

글쓰기와 책쓰기는 전혀 다른 분야다. 글쓰기 전문가는 신문 기자, 논술 선생, 출판사 편집자들이다. 이들은 글쓰기를 누구보다 잘하는 전문가다. 하지만 책쓰기 전문가는 아니다. 책쓰기는 글쓰기를 포함하고 있지만, 글쓰기가 전부는 아니기 때문이다.

책쓰기는 종합적인 창작 활동이다. 책쓰기의 본질은 콘텐츠를 만들어내는 것이다. 하지만 글쓰기의 본질은 문장 쓰기에 있다. 즉 문장만 잘 쓰면 글쓰기를 잘할 수 있지만, 글쓰기를 잘한다고 해서 책쓰기를 잘할 수 있는 것은 아니다. 책쓰기는 새로운 이야기, 새로운 아이디어, 새로운 사상, 새로운 콘텐츠, 새로운 통찰을 잘 만들어낼 수 있는 사람이 더 잘할 수 있다.

책을 쓰는 사람은 그래서 문장가가 아니라 콘텐츠 크리에이티브

다. 새로운 이야기, 새로운 통찰, 새로운 방법을 잘 만들어내는 사람은 그 자체가 바로 한 권의 책이 될 수 있기 때문이다. 여기에 약간의 문장 쓰기 기술과 구슬을 잘 엮는 기술, 즉 책쓰기 기술을 추가하면 작가로 성공할 수 있는 것이다.

옛 말에 '구슬이 서 말이라도 잘 꿰어야 보배'라는 말이 있다. 책쓰기 기술은 바로 구슬을 잘 꿰는 기술이다. 즉 책쓰기도, 독서법도 자전거 타기처럼 배워야 잘할 수 있는 기술에 불과하다. 책쓰기를 너무 거창하게 생각해서는 안 되는 이유가 이것이다.

누구나 배우기만 하면 잘 할 수 있는 것이기 때문이다. 그래서 책쓰기 대중화시대인 것이다. 책쓰기 대중화 시대에 책을 쓰지 않는 것은 인생 최고의 낭비다. 누구나 하는 시대에는 그것을 하는 것이 시대의 순리를 따르는 것이기 때문이다.

글쓰기와 책쓰기가 전혀 다른 분야라는 사실은 또 다른 희망을 준다. 책쓰기에 도전하고자 하는 이들에게도 이 사실은 큰 희망이다. 글쓰기는 오히려 어려운 분야지만, 아이러니하게도 책쓰기는 쉬운 분야다.

하버드 대학교에 입학하기 위해서는 에세이를 800장 이상 써야 합격한다는 말이 있다. 글을 쓰고 또 써야 한다. 이것이 진짜 어렵고, 학생들도 가장 힘들어한다고 한다. 하지만 책쓰기는 다르다. 책쓰기는 힘들다기보다는 즐겁다. 왜냐하면, 뭔가를 창조하기 때문이다. 인간은 뭔가를 창조하고 만들어낼 때 희열을 느낀다. 그 기쁨은 이 세상 그 무엇과도 바꿀 수 없을 정도로 강력하고 크다.

예술가들이 뭔가를 창조할 때, 느끼는 그 쾌감과 기쁨, 희열은 억만금을 주어도 경험할 수 없는 것이다. 책을 쓰는 작가는 이런 것을 경험하게 되지만, 글쓰기를 하는 사람은 좀처럼 경험할 수 없다. 이것이 책쓰기와 글쓰기의 가장 큰 차이다.

글쓰기는 치유의 효과가 있지만, 책쓰기는 인생을 새롭게 창조하는 효과가 있다. 책쓰기가 훨씬 더 크고 강력하다는 것을 우리는 알 수 있다. 책쓰기를 하면 인생을 새롭게 창조할 수 있다. 독서를 하지 않는 사람은 한 번의 인생을 살지만, 독서를 하는 사람은 여러 번의 인생을 산다는 말이 있다. 여기에 필자는 하나를 더 추가했다. 책쓰기를 하는 사람은 자신의 인생을 창조해서 새로운 인생을 살아 갈 수 있다고 말이다.

"책을 읽지 않는 사람은 한 번의 인생을 살지만,

책을 읽는 사람은 여러 번의 인생을 살고,

책을 쓰는 사람은 새로운 인생을 만들고 산다."

제6장

책 쓰는 사람이
꼭 알아야 할
문장 쓰기의 원칙

'어렵고 교묘한 말로 글을 꾸미는 건
문장의 재앙이다.'라고 허균이 말 한 적이 있다.
글을 예쁘게 꾸미는 것에 대해 놀라운 견해가 아닐 수 없다.

물론 어렵고, 교묘한 말로 글을 꾸미는 것에 대한 경계를 주장하는 말이다.
한 마디로 읽히지 않는 문장은 재앙이라는 말로
나름대로 해석할 수 있을 것이다.

《독자를 유혹하는 책쓰기》중에서

문장은
짧게 쓰는 것이다

왜 문장을 짧게 쓰는 게 좋을까? 어째서 문장은 짧게 쓰는 것일까? 한 마디로 짧게 쓰면 좋은 문장이 될 수 있기 때문이다. 좋은 문장의 조건은 무엇일까?

좋은 문장은 쉽게 쓴 글이며, 명료하게 쓴 글이며, 꾸밈없이 쓴 글이며, 정확하게 쓴 글이다. 문장을 길게 쓰면 자연스럽게 어려워지고, 꾸미게 되고, 복잡하게 되고, 부정확하게 되기 때문이다.

짧은 문장은 긴 문장이 가질 수 없는 강력한 힘을 갖고 있다. 짧은 문장은 강력하고 정확하고 명료하다. 짧은 문장은 아름답고 간결하다. 짧은 문장은 형용사, 부사, 접속사가 필요 없다. 짧은 문장은 억지로 꾸밀 필요가 없다. 짧은 문장은 불분명하거나 뒤죽박죽되기 어렵다. 짧은 문장은 어렵게 쓰기가 더 어렵다. 그래서 짧은 문장에는 강력한 힘이 있는 것이다.

문장을 짧게 쓴 작가들은 너무나 많다. 대표적인 세 사람이 헤밍웨이, 쇼펜하우어, 퓰리처 이 세 사람이다. 헤밍웨이는 '짧은 문장을 쓰라' '짧은 단락을 쓰라' 고 강조했고, 쇼펜하우어도 '간결한 문체는 훌륭한 글쓰기의 첫걸음이다.' 라고 말했고, 퓰리처도 이렇게 주장했다. '짧게 써라, 그래야 읽힌다.'

장하늘 선생은 '글쓰기 표현 사전'이라는 명저를 통해, 악문의 조건 네 가지를 언급한 적이 있다. 악문의 조건 네 가지는 첫째는 어렵고 까다로운 글이고, 둘째는 딱딱하고 건조로운 글이고, 셋째는 문맥이 어지러운 글이고, 넷째는 긴 문장이다.

긴 문장은 모호한 글이 되기 쉽다. 모호한 글이 왜 나쁠까? 모호한 글에는 작가만의 스타일, 작가만의 문체, 작가만의 숨소리가 들리지 않기 때문이다. 노벨 문학상을 수상한 작가인 헤밍웨이의 문장의 평균 글자수는 14 글자로 짧다.

헤밍웨이의 간결한 문체는 다른 말로 '하드 보일드hard-boiled문체'라고 한다. 단단하게 삶은 계란을 생각하면 어떤 문체인지 쉽게 알 수 있을 것이다. 하드 보일드 문체는 불필요한 수식어가 없는 문체다. 문장의 길이는 짧고, 주어를 주로 생략하고, 서술어 위주의 문체다. 이 문체는 헤밍웨이, 스타인 벡, 카뮈를 비롯해 많은 문필가들의 교본이 된 문체이기도 하다.

한림원에서 헤밍웨이에게 노벨 문학상을 주면서, '당신의 문체가 짧으므로 이 상을 준다.'라는 식으로 말했다. 짧은 문장은 문장 쓰기에서 초보자가 지켜야 할 첫 번째 문장 쓰기 원칙이다.

미국인이나 일본인과 비교하면, 한국인이 문장 쓰기 실력과 내공이 부족하다고 할 수 있다. 그 이유는 무엇일까? 한국인이 문장 쓰기를 못 하는 가장 큰 원인은 중국식 말투, 일본식 말투, 영어식 말투 때문이다.

일제 강점기 이전에는 중국의 영향을 받았고, 일제 강점기 때는 일본말의 영향을 받았고, 해방 이후에는 영어식 번역투의 영향을 받았다. 이 세 나라의 말투가 우리 고유의 말투에 영향을 주고, 스며들어옴으로 가장 크게 바뀐 것은 문장이 쓸데없이 길어지고 복잡해졌다는 것이다.

현대인에게 가장 큰 영향을 주는 것은 시대적으로 가장 가까운 영어식 말투다. 예를 들어 보면 이렇다.

'정의를 위해서 법을 지키지 않으면 안 된다.'는 영어의 must be(하지 않으면 안 된다)에 영향을 받은 영어식 말투다. 우리 말은 '정의를 위해서 법을 지켜야 한다.'이다. 우리 말은 영어식 말투에 비해 훨씬 더 간결하고 명료하고 심플하다.

'비상대책위원회를 출범했음에도 불구하고, 상황은 나아지지 않았다.'에도 영어식 말투가 들어가 있다. 바로 '~에도 불구하고'인 'in spite of', 'even though'다.

우리말은 '비상대책위원회를 출범했지만, 상황은 나아지지 않았다.'이다. 훨씬 더 간결하고 심플하고 명료하다.

최악의 영어식 말투는 이것이다.

'아무리 강조해도 지나칠 수 없다(can't be too emphasized)'이다. 즉 영어식 말투를 사용해서 문장을 쓰면 이렇다. '건강을 위해서는 운동을 아무리 강조해도 지나칠 수 없다.'

하지만 우리 말투로 쓰면 이렇다. '건강을 위해서는 운동을 해야 한다.' 혹은 '건강을 위해서는 운동이 최고다.' 이렇게 우리 말투는 훨씬 더 간결하고 심플하다.

　이런 영어식 말투를 오천만 국민에게 전파하는 데 가장 큰 기여를 한 집단이 있다. 바로 신문 기자들이다. 신문은 오천만 국민들이 매일 아침 읽는다고 볼 수 있다. 최소한 우리 부모 세대는 그렇다. 인터넷 시대라고 해도, 신문을 인터넷을 통해 읽지 않는 사람은 거의 없다.

　해방 이후 영어를 가장 먼저 배운 지식인들이 신문 기자들이었다. 영어식 말투가 그대로 신문 기자들을 통해 오천만 국민이 접하게 된 것이다. 문장은 짧게 쓸수록 좋다. 하지만 영어식 말투가 우리 오천만 국민 모두를 문장을 길게, 복잡하게 쓰도록 알게 모르게 만들어버렸다.

현대 문장은
'명문'을 거부한다

과거에는 아름다워야 문장이었다. 아름답지 못하면 문장 취급을
못 받았다. 하지만 이제는 판도가 바뀌었다. 문장에 대한 기준이 바
뀐 것이다. 좋은 문장의 기준이 아름다움에서 다른 것으로 바뀌었다.

과거에는 아름다운 문장이어야 문장 취급을 받을 수 있었다. 하지
만 현대 문장은 아름다움을 거부한다. 아름다운 문장보다 더 중요한
문장으로 취급받는 조건이 생긴 것이다. 그것은 바로 작가 중심에서
독자 중심으로 평가 기준의 중심이 이동했기 때문이다.

작가 중심에서 독자 중심으로 평가 기준의 중심이 이동했다는 말은 무엇일까? 과거에는 작가가 얼마나 문장을 잘 썼느냐가 평가 기준의 중심이었다면, 지금은 작가가 아닌 독자가 얼마나 쉽게 문장을 잘 읽을 수 있느냐이기 때문이다.

즉 작가보다 독자가 우선이다. 이것이 문장의 현대화다. 현대 문장은 그래서 '명문'을 거부하는 것이다. 아무리 아름다운 문장이라도 독자 입장에서 술술 잘 읽을 수 없는 문장은 독자들의 읽기 요건을 충족하지 못 하기 때문이다.

현대 독자들은 어렵고 복잡하고 이해가 되지 않는 문장을 굳이 시간과 노력을 투자해서 읽으려고 하지 않는다. 과거에는 책이 별로 없었고, 자신이 원하는 주제에 대한 책을 한 권 구하는 것도 힘들었기 때문에, 무조건 읽어야만 했다. 하지만 지금은 자신이 원하는 주제에 대한 책을 너무나도 쉽게, 다양하게 접할 수 있다. 그래서 독자들의 선택의 폭이 너무나 넓어졌다. 그렇기 때문에 어렵고 복잡하고, 독자들의 머리를 아프게 하는 그런 책은 외면당하게 되는 것이다.

좋은 문장의 평가 기준이 작가에서 독자로 전환되었기 때문에, 좋은 글은 작가 위주가 아닌 독자 위주로 그 기준이 바뀐 것이다. 현대 문장은 쉬운 글, 짧은 글을 환영한다. 현대 문장에서는 갈수록 '왜냐

하면' '다시 말하면' '예컨대' '이를테면' '그런 까닭에' '바꿔 말하면' 과 같은 접속어가 사라지는 추세다. 바로 이런 이유에서다.

많은 현대 작가들이 이구동성으로 하는 말이 있다. 바로 '형용사는 작가의 적이다.'라는 말이다. 그만큼 형용사나 부사를 적게 쓰는 것이 추세가 되었기 때문이다. 책쓰기가 작가 위주가 아닌 그 책을 읽을 독자 위주로 재편되었다는 말이다.

필자는 여기에 한 가지를 더 추가하고 요구한다. 바로 접속사다. 현대 문장은 이제 형용사만 거부하는 것이 아니다. 시대가 더 변했고, 달라졌다. 독자들은 더 바쁘고 시간이 없어졌다. 그래서 현대 문장은 형용사와 함께, 부사, 그리고 심지어 접속사도 거부한다. 책쓰기 고수는 접속사를 거부한다.

접속사를 많이 쓴 문장과 절제되고 생략된 문장의 가장 큰 차이는 무엇일까? 접속사를 많이 쓴 글은 대체적으로 표면적인 글이며, 순차적인 글이며, 느리고 구속된 글이며, 리듬감이 죽은 글이 된다. 이런 글은 보통 글의 흐름을 저해하고, 속도를 떨어뜨리고, 무엇보다 독자의 호흡을 끊고, 긴장감을 빼앗아 가 버린다. 접속사가 없는 글은 입체적인 글이 되고, 동시다발적이며, 리듬이 살아 숨쉬고, 빠르고 자유로운 글이 된다.

헤밍웨이의 노인과 바다를 읽어보면 접속사가 극도로 절제되어 있다는 사실을 쉽게 발견할 수 있다.

> 배는 항구를 향해 나아갔다. 상어가 나타났다. 노인은 밤중까지 상어 떼와 싸웠다. '죽기까지 싸우라.' 몸이 뻣뻣해져 왔다. 나이프도 몽둥이도 모두 부러졌다. 녹새치는 뼈만 남았다. 배는 항구로 돌아왔다. 노인은 오막살이 침대에서 늘어지게 잤다. 아침에 소년이 와서 위로했다.

현대 문장이 명문을 거절한다는 것은 두 가지의 큰 의미가 있다. 첫 번째는 작가 중심에서 독자 중심으로 책쓰기의 무게 중심이 이동되었다는 것이다. 두 번째는 화려하고 아름다운 것보다는 실용적이고 편리하고 쉽고 속도감이 있는 빠른 책쓰기를 더 선호하게 되었다는 것이다.

문장은
말하듯 쓰면 된다

문장은 결국 사람에게서 나오는 말의 기록이다. 과거에는 문어체가 주류였다. 하지만 세상이 바뀌고, 문장이 바뀌면서, 문어체 중심에서 구어체 중심으로 변했다.

문장은 말하듯 쓰면 된다. 말하듯 쓴 글이 독자들에게도 읽기 쉽고, 이해도 잘 된다. 구어체는 딱딱하고 읽기도 어렵고, 이해하기도 힘들다.

한국인들이 글쓰기를 싫어하고, 잘 못 하는 이유가 바로 여기에 있다. 한국은 과거에 문어체 중심의 문화에서 살았기 때문이다. 하지만 문어체에서 정확히 구어체로 바뀌는 과정이 없이 현대로 넘어왔다.

중국은 신해혁명, 5.4운동 등과 같은 다양한 문화적 혁명을 통해 알게 모르게 과거의 문화를 청산하고 새로운 문화를 추구하는 과정에서 문어체 중심에서 구어체 중심으로 바뀌었다. 중국의 근대화 운동의 핵심은 유교 등 옛 사상과 도덕, 문화를 비판하면서, 문어체인 고문체 대신 구어체인 백화체를 선호하고 제창했다. 미국은 개국 되면서부터 구어체 중심의 문화가 자연스럽게 형성이 되었다.

하지만 한국은 명확한 문화적 혁명이 일어나지 않았다. 그냥 '구렁이 담 넘어가듯' 슬그머니 얼버무리면서 현대로 넘어왔다. 우리가 동양의 한자 문화권이기 때문이다. 한자 문화권에서는 구어보다 문어를 중시했기 때문이다. 하지만 문어체 축출 운동이 전혀 없었던 것은 또한 아니었다.

1896년 독립신문으로부터 문어체 한자어 축출 운동이 잠시 시작되어, 1910년 주시경 박사에 의해 전개되기도 했고, 해방 이후 국어 순화 운동이 본격적으로 시작되었다. 국어와 한글을 사랑하는 것이 곧 나라와 민족을 사랑하는 일로 인식되기도 했다.

'저 책은 본인의 소유입니다'가 문어체에 가깝다. 이것을 구어체로 바꾸면 '저 책은 제 것입니다.'가 된다. '당신의 지시를 이행할 의사가 전혀 없습니다.'가 문어체다. 이것을 구어체로 바꾸면, '당신이 시킨 것을 안 할 것입니다.'가 된다. 하지만 문어체와 구어체에 대한 명료한 근거가 매우 미비한 것이 현 실정이다.

문어체 문장을 몇 개 더 들어 보면 이렇다.

'내 거 네 거 구별하지 말자'

거: "것"을 구어적으로 이르는 말이다.

'서류를 검토한바 미비한 사항이 발견되었습니다.'
'이 작품은 조선 후기의 것으로 추정되는바 그 가격은 상당할 것으로 보인다.'

~ ㄴ바 : 문어체로, 뒤 절에서 어떤 사실을 말하기 위하여 그 사실이 있게 된 것과 관련된 과거의 어떤 상황을 미리 제시하는 데 쓰는 연결 어미이다.

이처럼 문어체는 글로 쓰면 이상하지 않지만, 말할 때는 이런 식으로 언어를 사용하지 않는다. 즉 문어체는 '일상적인 대화에서 쓰는 말투가 아닌, 글에서만 주로 쓰는 말투'다. 반면 구어체는 '글에서 쓰는 말투가 아닌, 일상적인 대화에서 쓰는 말투'다.

문어체가 가장 많았던 대표적인 문장은 바로 '독립선언문'일 것이다. 독립선언문의 첫 문장을 살펴보자.

'오등은 자에 아조선의 독립국임과 조선인의 자주민임을 선언하노라.'

이것을 구어체로 바꾸면, 좀 더 우리글에 가까워진다. 친근한 느낌이 든다.

'우리는 조선이 독립국임과 조선사람이 나라의 주인임을 선언한다.'

구어체는 의사 전달이 명료하고, 독자들이 읽기도 쉽고, 이해하기도 편하다. 그래서 구어체로 쓴 책이 더 많이 읽히고 사랑받는 것이다.

문장은 글자로 하는 말이다. 결국 문장은 말이다. 다만 글자로 이루어진 말이다. 문장의 본질은 인간의 말이다. 그러므로 문장은 말하듯 쓰면 그만이다. 오랜 세월을 돌고 돌아 드디어 구어체가 제대로 평가받고 인정을 얻는 시대가 되었다. 이 말은 다르게 말하면, 말을 할 수 있는 사람이면 누구나 글도 잘 쓸 수 있는 문장의 평준화 시대가 되었다는 말이기도 하다.

좋은 글은 작가가 독자 앞에서 말하는 것처럼 들린다. 말하듯이 쓴 문장은 늘어지는 구절이나 표현이 없다. 문장이 단순하고 간결하다. 바로 이런 이유에서 문장에 리듬감이 더해진다.

리듬감이 가장 좋은 문장은 절대 문어체가 아니다. 완벽한 구어체가 리듬감이 좋은 문장이다.

'왔노라, 싸웠노라, 이겼노라.'

'죽느냐, 사느냐, 이것이 문제로다.'

좋은 문장은 대부분 구어체이다. 즉 말하듯 쓴 문장이 가장 좋은 현대 문장이다.

독자에게 읽혀야
문장이다

아름다운 글보다 읽히는 글이 진짜 문장이다. 문장의 본질적인 기능은 한 가지다. 바로 의미 전달이다. 의미 전달을 위해 반드시 문장은 독자들에게 읽혀야 한다. 아무리 멋진 문장이라도 읽히지 않으면, 문장의 본질적인 기능인 의미 전달이 불가능하기 때문이다.

독자에게 읽히는 문장은 어떤 문장일까? 첫째는 재미있는 문장이다. 둘째는 새로운 문장이어야 한다. 셋째는 호기심을 자극하는 문장이다. 읽히는 글은 이런 특징을 가지고 있어야 한다.

독자에게 읽히는 문장은 짧고, 구문은 쉽고, 어휘는 정확하고, 문맥은 자연스럽고, 내용은 새롭고 호기심을 자극한다. 독자에게 읽히지 않는 최악의 문장은 불필요한 표현이 많이 있고 지루하게 늘어지는 문장이다.

뉴욕 저널 오브 북스에서 '글쓰기에 관한 한 단연 최고의 책'이라고 평가하는 책인 《짧게 잘 쓰는 법》이라는 책에 보면, 최악의 문장들을 소개하고 있다. 그중에서 몇 개를 소개하면 이렇다.

'나뭇가지와 그 아래 늘어진 나뭇잎이 만든 차양 아래 공기가 뜨겁고 눅눅했다.'라는 문장은 독자들에게 잘 읽히지 않는 문장이다. 잘 읽히는 문장으로 바꾸어 보면 이렇다. '나뭇가지와 나뭇잎 차양 아래 공기가 뜨겁고 눅눅했다.'가 이전 문장보다 훨씬 더 쉽게 술술 잘 읽힌다.

'해변에 부딪히자 파도가 큰 소리는 낸다.'라는 문장보다는 '파도가 해변에 부딪친다.'가 훨씬 더 잘 읽히는 문장이다. '외가 쪽 가족사진이랄 것이 별로 없다.'라는 문장보다는 '외가 쪽 가족사진이 별로 없다.'가 훨씬 더 잘 읽히는 문장이다.

'내가 서 있는 곳에서 보이는 범위 내에 형편없는 식당이 적어도 여덟 군데가 있다.'라는 문장은 읽히기 어려운 문장이다. 이 문장을 읽히기 쉬운 문장으로 바꾸면 이렇다. '근처에 형편없는 식당이 적어도 여덟 군데가 있다.'

'그녀의 옷은 별다른 특징이 없었는데, 흰색 티셔츠와 청반바지였다.'는 읽히기 어려운 긴 문장이다. 하지만 이것을 이렇게 바꾸면, 읽히기 쉬운 짧은 문장이 된다. '그녀는 흰색 티셔츠와 청반바지를 입었다.'

'운하의 양쪽을 이은 교량들 아래로 금속조각과 나무로 지은 판잣집들이 있다.'는 읽히기 어려운 문장이다. 하지만 이것을 이렇게 바꾸면, 읽히기 쉬운 좋은 문장이 된다. '교량들 아래로 금속조각과 나무로 지은 판잣집들이 있다.'

잘 읽히는 문장의 또 다른 특징 중에 하나는 심플하고 간결하다. 즉 불필요하게 반복되는 단어와 표현이 없다는 점이다. 불필요하게 반복되는 단어를 버리지 못한 문장은 이런 것들이 있다.

'아래로 곧바로 직행하세요' 에서는 '곧바로'를 버려야 한다. 버려야 문장이 읽힌다. '그 이전에 작업을 끝내야 한다.' 에서는 '그'를 버려야 한다. '동물원에는 관람하는 관객이 많았다.'라는 문장에서는 '관람하는'을 버려야 한다. '선생님은 아름다운 미모의 여성이다.'에서는 '아름다운'을 버려야 한다.

'비행기는 푸른 창공을 날았다.'라는 문장에서는 '푸른'을 버려야 한다. '뜨거운 열기로 월드컵 경기장에는 흥분된 군중들로 가득 찼다.'라는 문장에서는 '뜨거운'을 버려야 한다. '간단히 요약하면, 매일 감사하는 사람이 그렇지 못한 사람보다 생존율이 33% 더 높다는 것이다.'라는 문장에서는 '간단히'를 버려야 한다.

명심하자. 술술 잘 읽히는 문장이 높게 평가받는 시대가 아니다. 읽혀야 문장이 될 수 있는 시대다. 읽혀야 문장이 살아남는 시대다. 문장이 살아남기 위해서는 버리고 또 버려야 한다. 불필요한 표현, 중복된 표현을 버리면, 문장이 산다.

무엇보다
배고픈 문장을 쓰라

문장 쓰기에 있어서 꼭 알아야 할 명언이 있다면 이것이다.

"싫증 나는 문장보다 배고픈 문장을 쓰라."

프랑스의 철학자, 사상가였던 몽테뉴가 한 말이다. 배고픈 문장은
어떤 문장일까? 싫증 나는 문장은 한 문장에 너무 많은 이야기를 하
려고 욕심내는 글이다. 이런 글의 특징은 어휘나 표현이 반복될 수밖
에 없고, 문장이 길게 늘어지게 된다. 너무 잘 쓰려고 욕심내면, 결국
싫증 나는 문장을 쓰게 된다.

배고픈 문장은 앙상한 가지에 뼈대만 남아있는 것과 같다. 한 마디로 불필요한 형용사, 부사, 접속사가 없고, 간결하다. 배고픈 문장은 다이어트를 잘 한 문장이다. 배고픈 문장을 쓰기 위해서는 문장을 꾸미려고 해서는 안 된다.

과유불급이다. 문장을 너무 잘 쓰려고 하고, 꾸미려고 하면, 결국 싫증 나는 문장을 쓰게 되는 것이다. 그래서 동양에서는 공자가, 서양에서는 사르트르가 이런 말을 한 것인지도 모르겠다.

> 말이나 글은 뜻을 전달하면 그만이다.
>
> _공자

> 문장은 꾸밀 필요가 없다. 문학을 경계하라. 펜 가는 대로 써야 한다.
>
> _사르트르

싫증 나는 문장을 쓰지 않기 위해 지켜야 할 세 가지 원칙이 있다면 무엇일까? 그것은 첫 번째는 '꼭 말해야 할 것만 말하고, 꼭 써야 할 것만 쓰는 것'이다. 두 번째는 형용사, 부사, 접속사를 포함하여 불필요한 표현, 이중 표현, 중복된 표현을 최대한 생략하는 것이다.

세 번째는 한 문장에 하나의 의미만 담는 것이다.

"어렵고 교묘한 말로 글을 꾸미는 것은 문장에 있어서 재앙과 같다."라고 말한 우리 선조 중에 당대 최고의 문장가 중의 한 명인 허균 선생을 기억해야 할 것이다.

일본식 말투와 중국식 말투는 불필요한 표현들이 더 추가되기 때문에, 우리 말투가 훨씬 더 배고픈 문장이며, 다이어트된 문장이며, 간결하고 쉬운 문장이다. 예를 들면 한자로 만들어진 접두사나 접미사, 한자로 된 단어를 사용하지 않는 문장이 훨씬 더 간결하고 심플하고 배고픈 문장이다.

"정기적的으로 모임을 한다."보다는 "정기 모임을 한다."가 간결한 배고픈 문장이다. "그 주장은 모순적的이다."보다는 "그 주장은 모순이다."가 더 좋은 문장이다.

"남산은 서울에 위치位置를 잡고 있다."처럼 한자가 포함된 문장보다는 "남산은 서울에 있다." 혹은 "남산은 서울에 자리 잡고 있다."가 좀 더 간결하고 배고픈 문장이다.

"이런 관점觀點에서 보면 한국은 선진국이다."라는 문장보다는 "이런 점에서 보면, 한국은 선진국이다."가 더 간결하고 배고픈 문장이다.

"이건 꼭 시도해 볼 만한 일입니다." 불필요한 한자인 '시도試圖'가 포함된 문장보다는 '이건 꼭 해볼 만한 일입니다.'가 더 간결하고 배고픈 문장이다.

"그럼에도 불구하고 한국 사회는 아직도 혈연과 지연에 얽매여 있다."보다는 "그렇지만 한국 사회는 아직도 혈연과 지연에 얽매여 있다."가 더 간결하고 배고픈 문장이다. "해방이 되었는데도 불구하고 한국 사회에는 친일파가 여전히 남아있다."보다는 "해방이 되었는데도 한국 사회에는 친일파가 여전히 남아있다."가 더 간결하고 배고픈 문장이다.

"다양한 보고에 있어서도 한국을 이제 선진국 혹은 경제 대국으로 평가하고 있다."보다는 "다양한 보고에서도 한국을 이제 선진국 혹은 경제 대국으로 평가하고 있다."가 더 간결하고 배고픈 문장이다.

"가격을 인하하다"보다는 "가격을 내리다"가 좋고, "형제가 상봉하다" 혹은 "형제가 조우했다."보다는 "형제가 만났다"가 좋고, "대기업의 불법 정황이 가시화되고 있다."보다는 "대기업의 불법 정황이 드러나고 있다."가 더 좋은 문장이다.

"16강 진출 소식을 전달했다."보다는 "16강 진출 소식을 알렸다."가 더 배고픈 문장이다. "청결하고 깨끗한 아파트 단지가 될 수 있도록 부탁드립니다."보다는 "깨끗한 아파트 단지가 될 수 있도록 부탁드립니다."가 더 배고픈 좋은 문장이다.

일본식 말투도 마찬가지다. 일본식 말투보다는 우리식 표현이 훨씬 더 간결하고 쉽고 명료하고 배고픈 문장이다. 예를 들면 이런 것들이 있다.

"이건 선생님의 모자다"라는 일본식 말투보다는 "'이건 선생님 모자다"가 더 좋은 문장이다. 간결하고 배고픈 문장이기 때문이다. "영국의 선수들이 경기에서 승리했다"라는 표현보다는 "영국 선수들이 경기에서 승리했다"가 더 좋은 문장이다.

"명성에 값하지 못한 것 같습니다."라는 일본식 말투보다는 "명성에 맞지 않는 것 같습니다."가 더 좋은 문장이다. "뉴스 기사에 의하면 서울은 세계 3위다."라는 일본식 말투보다는 "뉴스 기사를 보면 서울은 세계 3위다."라는 문장이 더 올바른 문장이다.

"불은 소방차 2대에 의해 진화됐다."라는 일본식 말투보다는 "불은 소방차 2대가 껐다."가 더 좋은 우리 문장이다. "극적 타결에 의해 일자리가 창출되었다"라는 일본식 말투보다는 "극적 타결로 일자리가 창출되었다"가 더 좋은 문장이다.

"축구는 그의 삶에 다름 아니다."라는 일본식 말투보다는 "축구는 그의 삶과 같다."가 더 좋은 문장이다. "내게 있어서는 독서가 큰 선물이었다."라는 일본식 말투보다는 "내게는 독서가 큰 선물이었다"가 더 좋은 문장이다.

싫증 나는 문장은 독자들이 책을 멀리하게 하지만, 배고픈 문장은 마치 배고픈 사람들이 계속해서 음식을 찾아 먹는 것처럼 계속해서 책을 읽게 만든다.

책쓰기는 누구에게나
무한한 가치가 있다

글쓰기는 간단하다. 당신이 시작하는 데 특별한 장비가 필요 없다. 몇 장의 종이와 펜만 있으면 된다. 헨리 밀러는 글을 쓰는 데 종종 푸줏간 주인의 종이를 '빌렸고', 블라디미르 나브코프는 메모지를, 잭 캐루악은 작은 노트를 사용했다.

글쓰기에는 많은 시간이 들지 않는다. 우리가 선택한 시간만큼 쓸 수 있다. 말하자면, 매일 이십 분쯤도 좋고, 쓸 수 있을 때마다 써도 좋다. 그리고 우리는 계속 글을 쓸 때 글쓰기의 혜택을 누릴 수 있다.

우리에게 주어진 시간이 그뿐이라면 하루 중 짧은 시간 동안에도 글을 쓸 수 있다. 오드리 로드는 종종 슈퍼마켓에서 계산 줄을 서 있는 동안에도 시를 쓰곤 했다. 노벨문학상 수상 작가인 토니 모리슨은 글을 쓰기 시작할 때, 혼자 애를 키우며 가족을 부양했다. 그녀는 온종일 일하면서도 '하루 끝 무렵'에 소파에 누워서 글을 썼다.

루이즈 디살보, 《치유의 글쓰기》, 30~31쪽

책쓰기는 누구에게나 무한한 가치가 있다. 책쓰기는 누구나 매일 할 수 있다. 책쓰기는 부와 성공을 만드는 행위이다. 책쓰기는 당신을 전문가로 도약하게 만든다. 책쓰기는 세상에 내세울 것이 없는 사람에게 내세울 수 있는 전문성을 만들어 준다. 그런 점에서 책쓰기는 창조 행위다.

옛날 말에 독서를 하면 가난한 사람은 부자가 되고, 부자는 귀한 사람이 된다고 했다. 책쓰기는 그 이상이다. 책쓰기를 하면 가난한 사람은 바로 귀한 사람이 된다. 이것이 책쓰기의 수준이고 클래스다.

책쓰기 대중화시대가 오고 있다. 그 이유는 무엇일까? 책쓰기는 무한한 가치를 제공해 주기 때문이다. 책을 쓴다는 것은 가치를 만드는 것이고, 그 가치는 결국 만든 저자에게 다시 가치로 보답해 준다. 이것이 책쓰기의 선순환 원리다.

저자가 쓴 책쓰기 책 중에 하나인 《독자를 유혹하는 책쓰기》에 나오는 책을 쓰면 좋은 이유에 대한 문장들이다. 참조하면 좋을 것 같다.

> 책을 쓰지 않으면 당신은 자신의 인생에 갇히게 되지만, 책을 쓰는 순간 당신의 인생은 세상과 공유가 되고, 열리게 된다. 이것이 책쓰기의 마법이다. 당신이 누구라도 책을 쓸 수 있다. 당신은 모르고 있지만, 당신에게는 이미 책 쓸 '이야기'가 있다. 책을 안 써 본 사람은 죽어도 모르는 책쓰기의 즐거움과 선물이 있다. 당신 인생에서 최고의 학위는 당신이 쓴 한 권의 책이다. 당신이 책을 쓰면 좋은 현실적인 이유는 너무나 많다.
> 책쓰기는 당신 안에 금맥을 찾아 캐내는 일이다. 책쓰기는 숨겨져 있는 당신 안의 보물을 발견하여 세상 밖으로 내놓는 일이다. 책쓰기는 당신을 전문가로, 권위자로 만들어 준다. 책쓰기는 당신에게 부와 성공을 가져다 준다. 당신도 이제 당신의 책을 가져라.

그렇다. 심지어 부와 성공을 이미 가진 사람들도 책쓰기를 해야 한다. 그 이유는 부자가 되고, 성공하는 것보다 책쓰기는 더 가치 있는 사람을 만들어주기 때문이다. 한 마디로 책쓰기는 누구에게나 무한한 가치를 주기 때문이다.

"책쓰기는 당신을 가치있는 사람으로 만들어 준다."

책을 쓰면, 세상과 타인에 유익한 도움을 줄 수 있다. 그리고 그 도움은 결국 돌고 돌아서 그 책의 저자에게 다시 몇 배로 증폭되어 되돌아간다. 그 결과 세상과 타인에게 도움을 많이 준 베스트셀러 작가들은 부와 성공을 획득하게 되는 것이다. 이처럼 책쓰기는 가치를 만드는 행위다. 다시 말해 책쓰기는 부와 성공, 행복과 기쁨을 창조하는 행위다.

"책쓰기는 부와 성공, 행복과 기쁨을 창조하는 행위다. 그리고 부자가 되고, 성공자로 만들어 주는 것보다 더 중요한 한 가지는, 당신을 가치 있는 사람으로 만들어 준다는 사실이다."

명심하라.

이 세상에 그 어떤 것도 책쓰기만큼 강력한 것은 없다. 책을 쓰는 사람만이 누릴 수 있고, 얻을 수 있는 10가지 선물은 당신의 인생을 급격하게 변화시키고 성장시킬 뿐만 아니라 압도적으로 행복하고 즐겁고 성공적인 인생을 살아 낼 수 있게 도와 준다.

어제와 전혀 다른 인생을 살고 싶은 사람들이라면, 책쓰기를 반드시 해야 하는 이유다. 책쓰기는 그 자체로 인생 최고의 선물이며, 가장 강력한 삶의 무기이자 특권이다.

책쓰기의
10가지 선물

초판 1쇄 인쇄 2024년 1월 26일
초판 1쇄 발행 2024년 2월 7일

지은이　김병완
펴낸곳　케이미라클모닝
펴낸이　엄남미
디자인　고은아
편집　엔젤디자이너스
출판등록　제 2021-000020 호
주소　서울 동대문구 전농로 16길 51, 102-604
전자우편　kmiraclemorning@naver.com
전화　070-8771-2052

ISBN　979-11-92806-02-0 (03300)
값　17,000원
Copyright 김병완ⓒ 2024